为了公平正义比太阳还要有光辉

周敏◎编著

中国出版集团

现代出版社

图书在版编目(CIP)数据

为了公平正义比太阳还要有光辉/周敏编著.
——北京：现代出版社，2013.2 （2024.12重印）
ISBN 978-7-5143-1349-9

Ⅰ.①为… Ⅱ.①周… Ⅲ.①法官–生平事迹–世界
–通俗读物 Ⅳ.①K815.19-49

中国版本图书馆 CIP 数据核字(2013)第 025412 号

我的未来不是梦—为了公平正义比太阳还要有光辉

作　　者	周　敏	
责任编辑	张　晶	
出版发行	现代出版社	
地　　址	北京市朝阳区安外安华里 504 号	
邮政编码	100011	
电　　话	(010) 64267325	
传　　真	(010) 64245264	
电子邮箱	xiandai@cnpitc.com.cn	
网　　址	www.modernpress.com.cn	
印　　刷	唐山富达印务有限公司	
开　　本	700×1000　1/16	
印　　张	12	
版　　次	2013 年 7 月第 1 版第 1 次印刷　 2024 年 12 月第 4 次印刷	
书　　号	ISBN 978-7-5143-1349-9	
定　　价	47.00 元	

序　言

　　这套以"我的未来不是梦"命名的丛书，经过众多编者的数年努力，终于以这样的形式问世了。

　　此时，恰值党的"十八大"刚刚胜利闭幕，选举出了以习近平同志为首的党中央领导集体。"十八大"报告中对教育领域提出："坚持教育为社会主义现代化建设服务、为人民服务，把立德树人作为教育的根本任务，培养德智体美全面发展的社会主义建设者和接班人。"这使我们编者更感此套丛书生即逢时，契合新时期新要求，意义重大。

　　我们编写的这套《我的未来不是梦》系列丛书，精选了古往今来的一些重要职业，尤以当下热点职业为重。而"梦想的实现"则是本套丛书的核心。整套书立意深远，观点新颖，切合实际，着眼实用，是不可多得的青少年优质读物。

　　我们深信，这套丛书必将伴随小读者们的生活与学习，而促进他们德智体美全面健康地成长。更使他们对未来充满信心，驾驭着新知识和新科技，驶入人生海洋，飞向社会蓝天，去实现最美好的梦想！

目录 CONTENTS

第五章 把握正确航向 实绩成倍增长

第六章 满怀希望 迎接未来

第七章 少年立志 报国图强

第一章

为了公平正义比太阳还要有光辉

◦导读◦

　　2010 年 3 月 14 日，第十一届全国人民代表大会第三次会议胜利闭幕。会后，国务院总理温家宝与中外记者见面并回答记者提问。在回答新加坡《联合早报》记者提出的"民意对于中国政府对外政策有多大影响力"这一问题时，温总理说："我们国家的发展不仅是要搞好经济建设，而且要推进社会的公平正义，促进人的全面和自由的发展，这三者不可偏废。集中精力发展生产，其根本目的是满足人们日益增长的物质文化需求。而社会公平正义，是社会稳定的基础。我认为，公平正义比太阳还要有光辉"。

　　公平正义，是社会主义和谐社会的本质特征和社会主义制度优越性的具体体现。温总理提出的"公开正义比太阳还要有光辉"，深刻地阐明了促进社会公平正义的极端重要性和紧迫性，道出了中国特色社会主义的本质，也道出了人民的心声。

　　当然，"公平正义比太阳还要有光辉"，不是放在嘴上说说而已的，必须有制度的保证，更要有不懈的努力。要通过一系列扎实有效的措施，来保证司法上的公平正义、分配上的公平正义、教育上的公平正义、道德上的公平正义等，从而让太阳的光辉照进每个人的心田。

■ 从法律谈起

　　法律的诞生经历了漫长的岁月,法律是国家制定或认可,由国家强制力保证实施,以规定当事人权利和义务为内容的具有普遍约束力的社会规范。中国的 10 部主要法为:宪法、行政法、民法、刑法、经济法、诉讼法、劳动法、自然资源与环境法、军事法、科教文卫法。

　　法律的明示作用是以法律条文的形式明确告知人们,什么是可以做的,什么是不可以做的,哪些行为是合法的,哪些行为是非法的。违法者将要受到怎样的制裁等。这一作用主要是通过立法和普法工作来实现的。法律的预防作用是通过法律的明示作用和执法的效力以及对违法行为进行惩治力度的大小来实现的。今天,法律以各种方式影响着每个人的日常生活与整个社会。依照法律治理国家和管理社会的方式被称为法治。古希腊哲学家亚里士多德于公元前 350 年说:"法治比任何一个人的统治来得更好。"

　　法律的研究来自于对何为平等、公正和正义等问题的讯问,其实,公平、正义、秩序、稳定、自由等都是法律追求的一般性价值。法律的终极目标就是对人的关怀。古希腊普罗哥塔拉曾指出:"人是万事万物的尺度。"如果人死亡了,那整个宇宙的一切对他而言都会彻底失去意义。人是一分为二的,是物理上的身体和精神上的意志的对立统一体。所以法律对人的关怀也分为两个方面:从物质上保障和从精神上关怀。从物质上来说,法律希望每个人都可以有基本的衣食住的生存保障。从精神上而言,法律确

我的未来不是梦

保每个人有安全感并能够受到自己和他人的尊重。人应当有尊严,包括自尊和他人的尊重。否则,人会感到前途茫然和精神空虚。

法律就是让民众生活得更加和谐、快乐、平等,就是为了保护群众的合法权益与尊严。

法律让这个世界更加光明,更加和平,更加安全。法律包藏着生机勃勃的文化与思想,为人们树立了正义的榜样,是崇拜的对象,是追求的正法,是受用的经典。依法执政,依法治国,依法做正事。法律对社会的各项发展起到了良好的推动作用,法律使文明的社会更加光明、温暖、和谐、富裕。

从法律谈法官

法官是在司法机构中审判人员的通称，是司法权的执行者。在不同法系中法官的角色不尽相同，但要求都是不偏不倚、不受他人影响大公无私地根据法律判案。在中国，法官是依法行使国家审判权的审判人员，包括最高人民法院、地方各级人民法院和军事法院等专门人民法院的院长、副院长、审判委员会委员、庭长、副庭长、审判员和助理审判员。

在英美法系国家，普通法是由法官创造和建立起来的，法官承担着传承和创造法律的重任，因此，专业化及博学是成为法官的前提条件。在英美国家，对法科学生的要求非常高，不仅仅要求他们必须具备扎实的法律知识功底，而且要求必须接受过历史、政治学、经济学、哲学等多门学科的训练。法官来源于律师，要想成为法官，必须具有深厚的法律专业知识，包括认识、判断、推理案件诸能力在内的良好的认知水平，以及广博的社会知识。

在英国，法官是终身职务，只有在违反正当行为原则并在上下两院共同要求下才能由国王予以免职。被任命为法官的人服务的年龄可以达到70或75岁，实际上要比政府官员所允许的年龄限度高出10年。在75岁之前成为高级法院法官的许多人可以任职到更高的年龄。美国宪法规定："最高法院与低级法院之法官如忠于职守，得终身任职"。至于法官的待遇，"先于大陆各国形成的对法官优厚的物质待遇，成为英美法各国的传统"。在英国，法官的薪俸非常优厚，大法官的年薪与首相一样。

　　柏拉图认为："法官不应是年青的,他应该学会知道什么是罪恶。但这不是由他的心灵学到,而是对他人所犯罪恶作长久的观察而得到"。法官这种职业往往"被看作是超脱狭隘自身利益的",法官应当在社会交往中保持一定程度的"孤独性"。而流行于英美法系国家的谚语"一个公正的法官是一个冷冷的中立者"更是形象地道出了法官超然的个性。

　　一、法官的等级。

　　法官的等级确认,以法官所任职务、德才表现、业务水平、审判工作实绩和工作年限为依据。法官的级别分为首席大法官、大法官、高级法官、法官四等共十二级。最高人民法院院长为首席大法官。大法官分二级,包括最高人民法院副院长、高级人民法院院长。一级大法官、二级大法官、一级高级法官、二级高级法官和最高人民法院其他法官的等级,由最高人民法院院长批准。高级人民法院及所辖法院的三级高级法官、四级高级法官、一级法官、二级法官和高级人民法院其他法官的等级,由高级人民法院院长批准。中级人民法院及其所辖法院的三级法官、四级法官、五级法官的等级,由中级人民法院院长批准。

　　二、法官的职责。

　　审判案件是法官依照法律的规定,通过对案件的审理,以查明案件事实,并适用法律以做出判决的活动。法官除了依法参加合议庭审判案件或者独任审判案件以外,还必须依法审查起诉以决定是否立案;依法裁定予以减刑、假释;依法裁定采取诉前保全或者先予执行措施;依法裁定采取诉讼保全措施;依法对妨害诉讼者决定给予强制措施;依法解决下级法院之间管辖权争议;依法指导下级法院工作;依法向有关单位提出司法建议等事项。

　　三、法官的装束。

　　在英美法律传统里,宗教与法律具有天然的亲缘关系,因此司法仪式具有宗教般的神圣色彩。在英国,法官至今仍然保留着穿长袍、戴假发的传统,在欧洲大陆国家人士的心目中,关于英国法官,常常有这样一幅浪漫的图像:他们身着绯红色的长袍,头戴巨大的假发,在一所镶嵌华丽的法庭

上进行审判。在美国,也继承了英国法官出庭穿法袍的传统,但进行了一些改革,法官出庭一般都穿黑色长袍,但不戴假发。

中国的法官有法官服,法官服样式有:风衣、夏装、法官袍,上班时间和外出执行任务时,夏季时穿夏装,冬季时穿风衣,开庭一律穿法官袍。我国法官在审判活动中统一着制式服装,始于1984年,式样为肩章和大檐帽式制服,质地为的确良。在其后的十多年中,曾有过3次改变,但基本式样没有改变,只是在颜色和材料上略有变化。按照最高人民法院的设计指导思想,2000式审判服的设计力求突出有中国特色的法官形象。

2000式审判服,完全取消了带有军事化的装饰,突出了我国法官文职官员的特色,法官袍的设计思想,完全源于中国五千年的文明。新式法官制服分法官袍和西服式制服佩戴徽章两种款式。法官袍为黑色散袖口式长袍。黑色代表庄重和严肃,红色前襟配有装饰性金黄色领扣,与国旗的配色一致,体现了人民法院代表国家行使审判权;四颗塑有法徽的领扣,象征审判权由四级人民法院行使,同时也象征人民法院忠于党,忠于人民,忠于事实,忠于法律。西服式制服分为春秋装、冬装和夏装,春秋装和冬装为黑色,夏装为浅灰色,审判人员身着西服制服执行职务时,需同时佩带专用徽章作为其身份标志。

新式法官制服在设计上突出体现了人民法官严肃执法、公正执法、文明执法的宗旨,符合法官的职业特点。法官袍只允许在法庭上和执行职务时穿着,这意味着法官权力只能在法庭上行使;而且法官制服是没有等级差别的,这意味着法官袍是一种非等级化的象征。

四、法官用的法锤。

"法锤"也叫"法槌",但无论是哪一种叫法,都体现了司法公正、文明审判,提高了法律的严肃性和庄重性。法槌最早起源于我国古代的惊堂木,以往中国法院审判,尤其是在基层法院庭审中有时会出现法庭秩序问题,而法官往往采取大声呵斥甚至猛拍桌子的做法,不仅影响执法者形象,也有损法庭尊严。法庭开庭或继续开庭,先敲槌后宣布;休庭或闭庭,先宣布后敲槌;判决或裁定,也是先宣布后敲槌。

　　我国法槌的设计与制作材质要选用花梨木,由民间雕刻家手工精雕而成;槌体的上端刻一个独角兽头,是古代陶治狱所用"性知人有罪,助狱为验"的神兽;底部的圆形与方形底座,则暗喻"方圆结合,法律的原则性与灵活性结合";槌柄刻有麦穗与齿轮,说明"我国是工人阶级领导的,以工农联盟为基础的人民民主专政的社会主义国家"。槌体顶部镶嵌象征公平正义的天平铜片;圆形和方形结合的底座形成强烈的方圆对比,暗喻方圆结合、法律的原则性与灵活性的结合;底座四角上镶嵌着极具民族特色的"徽纹"图案,槌头上镶嵌的铜片将根据不同民族使用不同民族文字。整个底座以一块整木制成,敲击时声音敦实有力。法槌由主审法官使用,通常只敲一下。2001年9月14日,福建省厦门市思明区法院院长陈国猛敲响我国大陆法院庭审第一槌。时隔将近一年,作为我国司法改革的一部分,法槌的使用正式推广到全国各地法院。

　　司法的公正和公平,最终是由法官的自身素质和执法水平所体现,但是作为一种司法形式的法槌,在维护庭审活动的秩序,提高审判效率,从而确保程序正义方面,发挥着积极的作用。使用法槌虽然只是形式上的细小变化,但它反映了我国法律功能和司法理念的深刻变化,是近年来以"公正与效率"为主题的司法改革的一个动态缩影。法官开庭审理案件使用法槌,有利于维持法庭秩序,控制庭审节奏,是树立司法权威、追求公正的需要。通过这种既定的司法程序及形式,可以有效地激发法官的神圣感,约束当事人诉讼行为,以及增强旁听者的法律意识。法官是国家的司法者,负有保障法律实施的神圣使命。法官使用法槌,无形中增添了责任感和权威感,有利于体现司法的尊严,强化庭审活动的权威性、程序性和中立性。

　　在我国,为了提高法官的素质,加强对法官的管理,保障人民法院依法独立行使审判权,保障法官依法履行职责,保障司法公正,根据宪法,1995年2月28日第八届全国人民代表大会常务委员会第十二次会议通过了《法官法》,明确法官依法履行职责,受法律保护;法官必须忠实执行宪法和法律,全心全意为人民服务。

　　古罗马名著《法学阶梯》中有一句名言:"法学乃正义之学"。在我国,

法官是依法行使国家审判权的专业人员,也是利用法律武器证明让人民生活得更加幸福、更有尊严,让社会更加公正、更加和谐的执行人员。"公平正义比太阳还要有光辉"。这是政府的决心,这是社会的需求,也是社会文明进步的表现,法官用事实告诉我们:让人民生活得更加幸福、更有尊严,一位位法官正在司法战线上辛勤工作着。

● 智慧心语 ●

仲裁人要以衡平法为依据,法官要以法律为准绳。

——亚里士多德

法官一发善心,法律就会松弛。

——绪儒斯

罪人获释,法官就成了罪人。

——绪儒斯

法官一旦偏离了法律的条文就成了立法者。

——培根

谁也不会在审理自己的案件时当一名公正的法官。

——菲·马辛杰

第二章

确定方向　实现理想

◦导读◦

　　有志者，事竟成。一个人如果有了远大的志向之后，如果没有经过刻苦的锻炼实践，不勤奋努力，是不会成功的。在生活中，方向代表了人生的理想，追求的目标，快把自己的身心放在为实现理想、志向的努力之上吧，克己自制、勤奋努力、认真专注、持之以恒地去创造自己美好的明天——

新中国首任大法官沈钧儒

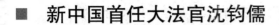

　　新中国成立以来,担任我国12任最高人民法院院长的共有9人,也就是说我国的"首席大法官"共有9位。1949年10月1日,沈钧儒接到毛泽东主席签发任命书时,已经74岁高龄,他是新中国首任大法官。

　　沈钧儒是清光绪时进士,是著名爱国民主人士,是著名的救国会"七君子"领头人;他是中国法学家,曾出席在柏林召开的国际民主法律工作者协会第五届代表大会,当选为国际民主法律工作者协会副主席;他是政治活动家,曾任民盟中央主席,历任中央人民政府委员、最高人民法院院长、全国人民代表大会常务委员会副委员长、中国人民政治协商会议全国委员会副主席和中国政治法律学会副会长等职。

　　沈钧儒,字秉甫,号衡山,祖籍浙江嘉兴。1875年1月2日生于江苏苏州一个官宦世家、书香门第。他的父亲名叫沈翰,字厚安,号藻卿,是江苏的一个知县,也是一位画家,善画花卉、翎毛、草虫,兼篆刻。他的叔叔名叫沈卫,字友霍,号淇泉,善诗文,工书法,名播江南,被推为翰苑巨擘,是晚清的一位官员。从小家庭环境熏陶着沈钧儒的思想品德,影响着他的一生。

　　沈钧儒出生的时候,正是中国社会半殖民地半封建化日益加深的时代,那时国家处于卖国政府统治下任由外寇掠夺本国人力、物力和财力资源的状态。沈钧儒从小接受儒家"修身、齐家、治国、平天下"的理想和济世救民的优良传统,有着良好的道德修养,他7岁时,就能诗能文。在13岁

时,他写的诗整理成书籍;15岁时考秀才时诗赋被列为第一名。这时晚清祖国的深重苦难,激发了少年沈钧儒的爱国之情。在他19岁时,爆发了中日甲午战争,他见外患日深,更加关心时务,写了数篇诗文以寄忧国愤世的激昂之情。

1900年,在沈钧儒25岁时,他的父亲沈翰病逝,那时,沈钧儒的叔叔沈卫正在担任甘肃主考,为解决家庭困难,叔叔介绍沈钧儒和哥哥沈保儒到外面做事,对他们说:"你们到陕西省三原县学署任阅卷员吧。"

就这样,沈钧儒和哥哥来到了陕西。在那里,他与叔叔沈卫的学生于右任相识了,于右任是我国近代、现代著名政治家、教育家、书法家。当年沈钧儒与于右任相识时,于右任21岁,是中国革命同盟会成员,这是中国清朝末年,由孙中山领导和组织的一个全国性的革命政党。他们相识后,一起创办了三原印书局,翻印康梁所著书籍,大谈维新变法、维新革命。这更加激励了沈钧儒的爱国热情,他说:"我认为要立宪救国,立宪即改变清朝封建专制制度,实现民主政治,让人民有参政的民主自由权利。"

1903年,在沈钧儒28岁,他乡试中举人。第二年,应殿试得"赐进士出身"衔,被分配到贵州刑部司做主事。当时,正是日本维新后,日本的学者们大量输入和讲授西方医学,宣传西方科学技术,积极主张革新。在这种思想的影响下,沈钧儒申请留学日本,希望能早日寻求到振兴祖国之路。

1905年秋,沈钧儒通过考试,考中新科进士,被清政府派赴日本留学,在东京私立法政大学法政速成科政治部学习,后继入补修科,于1908年4月毕业,回国投身到以推动浙江省的立宪运动中,把满腔热情都转向革命。

1920年,沈钧儒就任广东军政府总检察厅检察长,此后又成为近代中国最高的一批律师职业者,并被推为上海律师公会负责人,并与著名法学家董康等创建上海法科大学。

"九一八"事变发生时,沈钧儒义无反顾地投身到抗日救亡运动中去。1935年12月,他与上海文化界的一些爱国进步人士马相伯、邹韬奋等发表《上海文化界救国运动宣言》,组织上海文化界救国会,任执行委员。1936

年11月23日，沈钧儒与章乃器、邹韬奋、李公朴、史良、王造时、沙千里被国民党政府逮捕，为著名的"七君子"之狱。为了抗日救国，沈钧儒等置个人安危于度外，不屈不挠同反动派进行斗争。"七七"抗战后，国民党当局迫于形势于1937年7月31日将"七君子"交保释放。

1949年2月，沈钧儒来到了北平，任民盟出席新政协代表和新政治协商会议筹备会常务委员会副主任，在9月21日召开的中国人民政治协商会议第一届全体会议上，当选为政协全国委员会委员和中央人民政府委员。

1949年10月1日，中华人民共和国开国大典在天安门城楼隆重举行，已是74岁高龄的沈钧儒站在毛泽东主席左后方，他身材清瘦，银髯飘逸，优柔儒雅而凛然威严。从这一天开始，他由原民盟中央主席成为新中国第一任最高人民法院院长，成为新中国的开国大法官。

沈钧儒担任新中国首任大法官之后，在没同毛泽东主席和周恩来总理打招呼的情况下宣布他所领导的中国人民救国会解散。这个救国会是由一批当时具有极大社会影响的进步爱国的知识分子组成的，有教授、学者、律师、教育家、实业家，如沈钧儒、陶行知、章乃器、王造时、史良、沙千里等。他们著书、写文章、办教育、发表演讲、组织读书会和时事座谈会，团结中上层知识分子，发动广大基层群众，呼吁全国上下团结起来，一致抗日，挽救民族危亡。当时沈钧儒虽已年过花甲，但他为人正直，不畏强暴，主张民主政治，保护人民权利。他的爱国主义思想和行动，深受各界人士敬仰。他是大家公认的"爱国老人"。

为什么要解散这个救国会，他说："新中国已经成立，救国会任务完成，我可以退休回家了。"

可是，当周恩来总理得知救国会被解散时，感到非常可惜，认为应该保留下来。对他说："沈老先生，你怎么连个招呼都不打？这个组织还不能解散啊……"

1963年1月2日，是沈钧儒88岁大寿。那年元旦，周恩来总理以全国政协的名义，在北京政协礼堂举行宴会，招待北京70岁以上的全国政协委员、全国人大代表以及各民主党派的中央负责人等老人，并为沈钧儒祝

我的未来不是梦

寿,同时也算是给各位老人集体祝寿。在祝寿会上,周总理说沈钧儒是"民主人士的左派旗帜",这是对他一生最正确的评价。

沈钧儒,作为第一任最高人民法院院长,为新中国成立初期建立人民的法制体系、巩固人民民主专政政权作出了很大贡献。

逐梦箴言

他是新中国开国大法官,是伟大的爱国主义者、民主主义者和共产主义者,著名的法学教育家和律师;他跨越晚清、民国和新中国三个朝代,历尽沧桑,饱经忧患,为反对帝国主义侵略和封建专制主义的压迫,建立一个独立自由、民主富强和法治的新中国奋斗了一生;爱国主义是他毕生追求光明和进步的原动力,是他留给后人最重要的精神文明财富。

知识链接

最高人民法院

中华人民共和国最高人民法院成立于 1949 年 10 月 22 日,是中华人民共和国最高审判机关,监督地方各级人民法院和专门人民法院的审判工作。依照《宪法》规定,中华人民共和国设立最高人民法院、地方各级人民法院和专门人民法院。

法制体系

法制体系是指法制运转机制和运转环节的全系统,法制体系(或法制系统)包括立法体系、执法体系、司法体系、守法体系、法律监督体系等,由这些体系组合而成的一个呈纵向的法制运转系统。

新中国第二任大法官董必武

"重违庭训走天涯,不为功名不为家。旋转乾坤终有日,神州开遍自由花。"

这是当年刚刚投身于革命事业之中的董必武给家里寄回的信里写的一首诗。这首诗写出了他抛弃个人名利功名与读书求仕光宗耀祖的封建思想决裂的决心,抒发了他青年时代立志革命的豪情壮志,也是他后来献身于中国人民解放事业的思想基础。他后来成为中国共产党的创始人之一,伟大的马克思主义者,杰出的无产阶级革命家,中华人民共和国开国元勋,党和国家的卓越领导人,中国社会主义法制的奠基者,他为中国人民的解放事业和社会主义建设事业作出了卓越的贡献,建立了不朽的功勋。

1886 年 3 月 5 日,董必武出生在湖北黄安县一个清贫的教师家中,他的父亲董基文,是位优秀的乡村教师,母亲姓蔡,是个为人厚道勤俭善良的家庭妇女。

在董必武小时候,母亲一年四季都要纺棉花。每当董必武从睡梦中醒来,听到纺车发出的声音,就知道母亲还在辛苦劳作。那是一个初秋的晚上,月明星稀,夜已经很深了,母亲仍然坐在石榴树下纺棉花。董必武从睡梦中醒来,寻着纺车声来到母亲身边说:"妈妈,快亮天了,你又是一夜没睡,再不去睡觉,我明天就不去上学读书了。"

母亲听到他这样说,纺车戛然停止了,其实母亲是非常理解他的心情的。母亲抚摸着他的头说:"好孩子,妈不困呀!你看这石榴花多好看,妈

我的未来不是梦

给你讲个石榴花的故事吧。"

于是母亲把他揽在怀里，给他讲了传说中石榴花是"女娲氏"炼石补天中的那块红石头变的故事。使童年的董必武听了很受启发，他说："石榴花真好，在天上补天立功，在地上结果给我们吃。我也要像石榴花那样，为普天下的人们做有益的事。"

母亲说："是呀！做人也要有石榴花的精神。不过，石榴花结籽结的多少，还要看石榴树的根是不是扎得深。根深才能叶茂。一个人要想长大后为穷苦百姓做些有益的事情，在小时候，就要好好学习知识……"

第二天，天刚蒙蒙亮，董必武便站在石榴树下，大声地读起书来。

就这样，父母常常以自己的勤劳、朴实、忠厚和正直的实际行动来影响、教育董必武。在父母的熏陶下，他幼小的心灵上扎下了对劳动人民深切爱戴和无限敬仰的感情。

有一次，当地一些土豪劣绅为了抬高自己，显示才华，聚在一起和董必武的父亲"对对子"，他父亲为"万般皆下品"对上了"耕耘志气高"。豪绅们一看，咧嘴奸笑起来，因为应该对"唯有读书高"。

看着豪绅们轻视父亲的眼神，董必武觉得父亲写的"耕耘志气高"五个大字，字字生辉，他暗下决心要读好书，练好字，像父亲一样跟豪绅斗争。父亲对他说："要想打狗，需有本领。艺高人胆大，无能被狗欺。你要勤奋努力啊！"

的确，董必武从小聪明好学，5岁能背《三字经》，6岁能读《四书》，8岁能读《三国》，为了不辜负父母的期望，他学习异常发奋、刻苦。他在自己的简易书籍上，抄录了警句："业精于勤，荒于嬉；行成于思，毁于惰。"用以告诫自己一定要刻苦读书学习，果然，功夫不负苦心人，在他17岁那年，就考中了秀才。

1905年，在董必武19岁时考入湖北"文普通"学堂，1910年毕业，获清朝学部授予的拔贡学衔。后在黄州任教员。1911年参加了辛亥革命，同年加入中国同盟会。

1914年为了寻求革命真理，董必武考入日本东京"私立日本大学"攻

读法律,在日本加入孙中山创建的中华革命党。1916 年,他再渡日本。他时刻不忘父母的教诲,刻苦攻读,学习成绩始终名列前茅。1917 年,俄国十月革命胜利后,他立即回国,投身革命。1921 年以后,作为无产阶级革命政党的一名优秀战士,他走上了㕚中国争取民主革命的彻底胜利并进而实现社会主义的新的革命征途。

1934 年 2 月 3 日,董必武担任中央苏区临时最高法庭主席,后来又担任最高法院院长。他在工作中,坚持以事实为根据,以苏维埃法律为准绳,严格按照中央执行委员会颁发的审判程序办案,堪称为知识渊博、经验丰富的大法官。

1948 年 9 月 20 日,董必武当选为华北人民政府主席。1948 年 10 月 6 日,在人民政权研究会上,董必武指出:"建立新的政权,自然要创建法律、法令、规章、制度。我们把旧的打碎了,一定要建立新的。因此新的建立后,就要求按照新法律规章制度办事。这样新的法令、规章、制度,就要大家根据无产阶级和广大劳动人民的意志和利益来拟定。"在这个时期,华北人民政府在依法行政方面做了诸多开创性的尝试,用短短 13 个月时间制定颁布了 200 多项法令、法规、训令、通则等,为中央人民政府的成立做了思想上、组织上特别是法制上的准备。

新中国成立初期,董必武担任政务院第一副总理兼政治法律委员会主任。他一手抓民主建政,重点是建立人民当家做主的各级人民代表大会制度;一手抓法制的初创,"建立为人民服务、方便人民的法律制度"。在 1954 年一届全国人大一次会议上,董必武当选为最高人民法院院长,成了新中国第二任大法官。他作为一位法学专家,结合我国法制建设的具体实际,提出许多独创性的见解,他的马克思主义法学思想,对于今天加强社会主义法制建设仍然具有十分重要的指导意义,这是他留下的珍贵精神遗产。

他是伟大的无产阶级革命家和法学家,新民主主义革命时期和社会主义时期人民司法工作的奠基人之一,是中国人民民主法制的先行者,是新中国倡导法治的先驱,是新中国审判工作的奠基人之一。作为中国共产党创始人之一,他为中国人民深深敬仰;作为新中国民主法制建设先行拓荒者,他为建立新中国的法律制度作出了不可磨灭的巨大贡献。

知识链接

法制

"法制"一词,我国古已有之。然而,直到现代,人们对于法制概念的理解和使用还是各有不同。其一,广义的法制,认为法制即法律制度。详细来说,是指掌握政权的社会集团按照自己的意志、通过国家政权建立起来的法律和制度。其二,狭义的法制,是指一切社会关系的参加者严格地、平等地执行和遵守法律,依法办事的原则和制度。其三,法制是一个多层次的概念,它不仅包括法律制度,而且包括法律实施和法律监督等一系列活动和过程。

法庭

法庭是指国家的审判机关、机构、场所等。有些国家的法院就称法庭,如法国的初审法庭、争议法庭、警察法庭,英国的御座法庭、家事法庭等;法院内部审理不同诉讼案件的组织机构。根据案件性质设立刑事法庭、民事法庭、经济法庭,此外,还设有专门法庭,以及根据需要设立的其他法庭等;国家为审理特种案件而设立的临时性审判机构。如中国1956年为审判日本战犯而设立的军事法庭;中国基层人民法院根据地区、人口和案件情况设立的人民法庭,是基层人民法院的派出机构;审判庭的别称,一般允许群众进入法庭旁听。

新中国第三任大法官长谢觉哉

"读书要有恒,不是一夜长个长子,而是一点一滴地累上去。"这是谢觉哉关于读书的感言。他用人的身体的成长来比喻读书,一个人从幼儿长到一个"长子",不是一天一夜能达到的。同样,一个人的知识要丰富起来,学富五车,也不是一朝一夕的事。要想获得渊博的知识,需要更多更多的时间,甚至要穷其一生去积累,活到老,学到老。

谢觉哉的一生是好学、深思的一生,无论在如火如荼的革命时期,还是在炮火纷飞的战争年代,他坚持读书学习数年如一日。1943年4月,董必武为谢觉哉60岁寿辰写的祝寿诗中称赞他"屡有文章警海内","好学深思老不疲"。

谢觉哉是"延安五老"之一,是中国共产党老一辈无产阶级革命家、政治家,德高望重的社会活动家。他在革命战争年代,从事党政、统战、司法和新闻工作,为党和人民立下了不朽功勋。建国后,对党的建设、人民民主制度的建立和健全、社会福利事业和统战工作,都作出了重大贡献。

其实,走上革命道路后的谢觉哉坚持学习,是因为在他小时候就养成了好习惯。谢觉哉原名谢维鋆,字焕南,别号觉哉,亦作觉斋。他1884年4月27日出生在湖南省宁乡县肖家湾一个农民家庭里,他从小热爱读书,学习勤奋,深得老师和同学的赞扬。1905年7月,在他的家乡肖家湾这个僻静小村沸腾了,人们奔走相告:"谢家的孩子考中秀才了!"

这时的谢觉哉21岁,他遵父命参加科举考试,成为封建旧中国的最末

一科秀才。家里几辈人都是农民，这回出了个秀才，这可是件大喜事啊，一家人都为他感到自豪，父亲决定办几桌酒席庆贺。

办酒席那天，谢家热闹非常，道喜的宾客络绎不绝，其中也来了一些绅士，这些人或是地方上有势力的地主或是退职官僚。父亲叫谢觉哉出来迎接客人，可是谢觉哉却亲笔书写了一副对联挂在了门上："十数年笔舞墨歌，赢得一张倒票；两三月打躬作揖，赚来几串现钱。"

这副对联无情地嘲笑了那些道贺的绅士，他们顿时觉得没了面子，扫兴离开。原来，谢觉哉很讨厌这些绅士，对考中秀才这件事，更是不感兴趣，参加"科举考试"也是为了遵父命硬着头皮去的，他更反对办酒席庆贺这件事。他无心科举，是因为"十月革命"和"五四运动"爆发后，他四处奔走宣传，一心想发动学生和工农群众追求革命真理。

谢觉哉考中秀才后，一直不愿做官，学过中医，教过私塾，甘愿在家乡从事教育事业，决心走"教育救国"的道路，曾在安化培婴学校、云山学校、省立一师附小、宁乡"甲师"、长沙湘江中学任教。

谢觉哉曾对新民学会骨干会员，长沙共产主义小组成员何叔衡说："我教书，对于学生思想上的领导常是主要的"。

的确，为了提高学生对"五四精神"的认识，他发表反对复古守旧的演说："孙中山早已把清皇帝推翻了，中华民国早已建立起来了，男人的辫子早已剪掉了，女人的脚也早已解放了。书院不再是为皇帝制造奴才的场所，而是培养民国人才的地方。而我校还在祭孔，还挂着宣扬'三纲五常'的校训，同今天的新文化运动很不相称，这怎么行？所以我们要打倒它，取消它"。从此，云山学校停止祭孔（子）祭刘（典），并把1865年建校以来的"孝悌忠信"校训金字大横匾取下来，在藏书楼前悬挂上由谢觉哉书写的"务勤崇朴，尽忠尚公"八个大字作为校训。

谢觉哉教育学生培养与劳动人民的感情，与工农群众相结合。他带领学生到离校七八里远的长桥访问陶业工人，让学生了解陶业生产情况和陶业工人们的疾苦，回校后和学生一起写调查笔记，后来这篇笔记在《湖南通俗报》上发表。

　　谢觉哉所教的学生都是富家子弟，一次，他看见一个学生坐轿子来上学，而抬轿的轿夫是年迈花甲的老人，已累得满头大汗，于是他问那个学生："谁让你坐轿子来读书？"

　　学生答："是父亲喊的轿子。"

　　他说："你才十六七岁，让一位六十多岁的老人抬轿子接送，忍心吗……"

　　从此，再也没有学生敢坐轿来上学了。

　　就在这种种进步思想的影响下，谢觉哉一步步走上了革命的道路，后来，他做过《工农日报》的主编，做过中华苏维埃共和国临时中央政府主席毛泽东的秘书。1933年11月，谢觉哉来到瑞金县检查政府工作。他发现县苏维埃主席杨世珠，只谈工作成绩，不谈问题，就派工作组突击查账，发现会计科科长唐达仁侵吞各基层单位上缴的款项2 000多元，又顺藤摸瓜，查出集体贪污4 000多元的案子。回到苏区中央机关后，谢觉哉向毛泽东建议："必须立法建规，昭示天下，以便广大群众监督。"

　　几天后，谢觉哉按照毛泽东的指示，起草了中央执行委员会《关于惩治贪污浪费行为的训令》。这一文件是我党惩治腐败的第一项法律条文。毛泽东称赞说："你谢胡子敢于开刀，我毛泽东绝不手软！"1933年12月28日，毛泽东主持会议，决定给予杨世珠警告处分，给予相关人员撤职查办等处分。

　　谢觉哉既是革命司法制度的重要奠基人，也是秉公执法的好法官。他在最早的中央苏区时期，就参加制定了中国人民的第一部《选举法》《土地法》《劳动法》《婚姻条例》《税收条例》以及《惩治反革命条例》《惩治贪污犯条例》等，这对巩固和发展革命根据地起了重要作用，同时也为我国的立法工作迈出了第一步。

　　在中华苏维埃第一次代表大会上，谢觉哉当选为中央执行委员会委员，兼任中央政府工农检察部长、内务部代理部长和最高法院主席，又为我国的革命司法工作和审判工作，创造了实践经验，树立了执法的模范。

　　新中国成立之后，谢觉哉担任中央人民政府内务部部长。1959年在第

二届全国人大一次会议上，当选为最高人民法院院长，成为新中国第三任大法官。

逐梦箴言

他是中国共产党老一辈无产阶级革命家，也是秉公执法的好法官，他不谋私利，不图虚名，廉洁奉公，甘做人民的公仆，他是廉洁奉公的典范，是实事求是的典范；他不顾个人安危顶住极左压力，把法院工作从左的思潮影响下纠正过来，他坚持原则的作风是留给司法工作人员最宝贵的精神财富；他是法学界的先导，是中国司法制度的重要奠基人。

知识链接

司法

司法是指国家司法机关及其司法人员依照法定职权和法定程序，具体运用法律处理案件的专门活动。在西方资本主义国家，由于"三权分立"，司法与行政、立法之间有严格界限和区分。

劳动法

劳动法是调整劳动关系以及与劳动关系密切联系的社会关系的法律规范总称。它是资本主义发展到一定阶段而产生的法律部门；它是从民法中分离出来的法律部门；是一种独立的法律部门。这些法律条文规管工会、雇主及雇员的关系，并保障各方面的权利及义务。我国的劳动法是《中华人民共和国劳动法》，于 1995 年 1 月 1 日起施行。（最新立法为 2008 年的《劳动合同法》，需配合使用）

■ 肖扬　从山村少年到中国首席大法官

　　法官是法律的卫士,是正义的使者,从事着神圣的事业。最高人民法院院长、首席大法官肖扬曾意味深长地说:"法官事业的神圣,在于法官身负神圣的使命。其实,在祖国的热土上,只要具有强烈而神圣的使命感,任何工作都是神圣的事业。"这番话表明肖扬对人生价值的理解,也是他一生从事法律工作的真实写照。

　　肖扬,1938年8月出生在广东河源市一个穷乡僻壤的小山村里,家里世代没有人读过书,在旧社会受尽了剥削和压迫。肖扬的父亲出生40天时就丧父,自幼就给地主做工,饱受欺凌。肖扬的父母一共生下三个孩子,但因无钱治病,加之外寇入侵等原因导致两个孩子夭折,唯独剩下肖扬一个人,所以,"翻身得解放"对肖扬一家来说真是欢天喜地的大事,从那以后,肖扬可以上学读书了,改写了肖家世代没有人上过学的历史。

　　肖扬从小聪明好学,显露出聪颖的天赋,得到肖建邦老师的喜爱。肖扬1953年初中毕业后的一天,在他读过书的小学校里,他又一次和肖建邦老师相遇,可是这一次,他却是来做代课老师的。

　　肖建邦老师说:"你因为家境困难,无钱读书,就这样辍学太可惜了。"

　　肖扬不敢抬头看老师的脸,也没有回答什么,在他心里也是不希望自己的前途就这么夭折了,可是他有什么办法呢?

　　肖建邦老师说:"你是一个聪明好学上进的好学生,我一定要帮助你完成学业……"

　　1957 年夏，肖扬在填写大学的志愿的时候，把当时优先单独招生的中国人民大学法律系作为首选，然后参加全国统一考试，又报考了中山大学历史系。没想到中山大学的录取通知书先来了，可是他在中山大学上了半个月的课后，却在《南方日报》上看到自己被人民大学录取的消息，真让他喜出望外。

　　肖扬对父母说："中国人民大学是中国共产党创办的第一所新型大学，是万千学子向往的著名高等学府，又是我首选的报考志愿，能够入学就读，能成为'人大人'，那可是我一直以来最大的梦想啊！"

　　可是这时，肖扬又要面临着一个重大的抉择，因为人民大学的报到时间已过，离开中山大学就要办理退学手续，也就是说，他要冒着两头落空的风险，而且他出身贫苦，世代为农，家庭生活又非常拮据，如果离乡背井去北京读书，对家里来说就意味着需要更多的花费。

　　怎么办呢？思前想后，肖扬坚定地说："我是一名客家子弟。客家人生性敢于冒险，只知求出路，不愿想退路。如果被拒之门外的话，大不了明年再考一次。"

　　做出这个决定之后，肖扬就向省招生办申请路费，结果并未获准，负责招生的老师被肖扬执著求学的那股劲儿所打动，主动借 30 元钱给他……就这样，肖扬从中山大学退学了，这一决定从此让他与法律结缘，让他在司法战线创造了辉煌的业绩。

　　那么，肖扬为什么要舍近求远，舍史求法，北上求学呢？原来，肖扬出生在抗日战争炮火纷飞的年代，成长在解放战争的历史时期。日本帝国主义的杀光、抢光、烧光和奸淫掳掠的恐怖，给他幼小的心灵蒙上了深深的阴影，而国民党反动政府统治下的中国，不民主、不平等、无法无天、民不聊生的惨况给他留下了深刻的印象。民族英雄林则徐的诗"苟利家国生死以，岂因祸福趋避之"激励他这个热血男儿的报国之志，只要对国家有利的事情，他将不顾个人的生死祸福为之奋斗，而推行的司法改革正是他的梦想。

　　难忘记，从广东踏上北京的列车时的那份惊喜；难忘记，每月收到肖建

邦老师资助的钱物时的感动。一想到依然为一家人生计奔波劳累的父母，想到曾周济过自己的好心人，想到恩师肖建邦对自己的帮助，肖扬就暗下决心，他在给肖建邦老师的信里写道："我一定要学有所成，好好工作，报效人民的养育之恩"。

肖扬到北京时，已是十月深秋，秋寒料峭，但他拎着用草席打成的小行李卷，穿着短衣、短裤、凉鞋走进了人民大学校园。对迟到的肖扬，校领导、老师、同学纷纷伸出温暖的手，给他送来了棉衣裤、棉被褥等生活必需品。四年的大学生活，肖扬是靠人民助学金完成的学业，这在他的心灵上刻下终生难忘的印象。所以后来他时常说："我这个穷光蛋，从'精神'到'物质'，都被中国人民大学武装起来了"。

在中国人民大学的四年读书时间，是肖扬一生最值得纪念的青春岁月。他在人大读书时，人大法律系是人大最早设立的八大系科之一，是新中国第一个正规的高等法学教育机构，特别是经过 1952 年院校调整，可以说，人大集中了全国最强的法学教育力量，肖扬也在这里学到了很多经典知识。

1962 年 1 月，肖扬从人大毕业后，被分配到新疆做法学教师。临行前，他爱人赖秀娟留下了一首诗，最后两句是："毕竟冬梅品格好，迎风冒雪我先行"，毫不犹豫地就奔赴了边疆。之后回到广东做了公安干部。在"文革"期间，因与肖建邦老师有特殊关系，受到审查，下放到"五七干校"劳动。后来被重新起用，干过宣传干部、县委办公室干部等工作，直到十一届三中全会以后改革开放，1983 年，他从分管农业的地委副书记归队到政界，亲身经历了从人治到法治、从法制到法治的历史变迁，亲自见证了"依法治国"基本方略从提出、形成到发展的整个过程。

1998 年，肖扬任最高人民法院院长，那年他 60 岁，是新中国成立以来，担任我国 12 任最高人民法院院长的共有 9 人中最年轻的一人。他历任我国的第十任和第十一任首席大法官。回望肖扬这位以推动司法改革著称的首席大法官任内进行的众多司法改革，人们可以清晰地记得：他全面推行法院的公开审判制度，致力于司法改革，开启了统一的国家司法考试，中

国从此告别了以政治合格为主的法官任用标准,他还在任期内将死刑复核权收归到最高人民法院。

"有罪则判,无罪放人。"这是 2003 年,全国各级人民法院清理刑事超审限案件,肖扬当时提出这一个原则,在全社会引起了强烈反响,可谓好评如潮。

历史不会忘记,肖扬说:"无知者不能当法官,无能者不能当法官,无德者同样不能当法官。"他还说:"迟到的公正也是一种不公正。"

历史更不会忘记,是他揭下"中国法院博物馆"的红绸,是他提出加强司法文化建设,部署筹建法院博物馆、图书馆、档案馆……如果要问肖扬带给了中国什么?一位法律学者说,他带给中国司法的一切将由历史去检验。

从改革和完善死刑核准制度到再审制度,再到执行等制度,肖扬提出的每一项改革都围绕着"人民利益"四个字。2004 年 11 月,为表彰肖扬对内地法制的基础建设和培育内地法律专才方面所作的卓越贡献,香港城市大学特颁授荣誉法学博士学位给他。2005 年 9 月,世界法学家协会授予肖扬"世界最高正义奖",并推荐他为世界法学家协会名誉主席。

逐梦箴言

他从一个山村少年到中国的首席大法官,他踏上乘风破浪的法治改革方舟,他历经中国法治衰兴之路,他的司法改革大刀阔斧,取得了卓越的成果,他做了一件对国家、对社会非常有意义、有贡献的事。他是一个最具平民情结的首席大法官,是一个最具魄力的司法改革家,是一个最具朝气的当代法学家。

知识链接

死刑

死刑,也称为极刑、处决,世界上最古老的刑罚之一,指行刑者基于法律所赋予的权力,结束一个犯人的生命。而遭受这种剥夺生命的刑罚方法的有关犯人通常都在当地犯了严重罪行。尽管这"严重罪行"的定义时常有争议,但在现时保有死刑的国家中,一般来说,"蓄意杀人"必然是犯人被判死刑的其中一个重要理由。2011 年 5 月 24 日,最高院发布 2010 年年度工作报告称,最高院在审理死刑复核案件时,对不是必须判处死刑立即执行的案犯,均判处死刑缓期二年执行。

中国法院博物馆

中国法院博物馆是中国司法史上第一个全国行业性博物馆,在中国司法文化建设史上具有里程碑式的意义。司法史料预展作为博物馆筹备阶段举办的展览,覆盖面广,特色鲜明,从"法祖"皋陶、载有中国历史上有记载的最早成文判决的西周后期青铜器朕匜、"江南第一衙"浮梁县衙,到中国革命第一法庭、临时最高法庭和最高法院,再到最高人民法院,历史脉络清晰,基本涵盖了中国五千年司法文明,再现了审判机构的历史沿革和人民法院各项工作的不断推进。博物馆除了展出大量珍贵图片外,还展出了许多极具价值的珍贵文物。

智慧心语

立志须存千载想,闲谈无过五分钟。

——沈钧儒

对于故意违反法律的人,不管地位多高,功劳多大,必须一律追究法律责任。

——董必武

任何职业都不简单,如果只是一般地完成任务当然不太困难,但要真正事业有所成就,给社会做出贡献,就不是那么容易的,所以,搞各行各业都需要树雄心大志,有了志气,才会随时提高标准来要求自己。

——谢觉哉

法官有一个潜规则,就是要慎言,要少发表各方面的见解,因为法官说出去的话,人家就当作是法律的代表,法律的化身,讲得不好的话,容易出毛病。不管什么制度下的法官都有这么一个潜规则。

——肖扬

有理智的人在一般法律体系中生活比在无拘无束的孤独中更为自由。

——斯宾诺莎

第三章

坚定理想信念　坚守人生追求

○导读○

理想信念作为人的精神支柱,是世界观、人生观、价值观的集中表现。一个人,一旦树立了正确崇高的理想,就有了强大的精神动力和精神支柱。山高人为峰,只要心够大,眼够远,坚定走好每一步,再高的山也终将臣服于人的脚下。拥有坚定的信念,才会开启人生的最顶端——

■ 联合国国际法院的首位中国大法官徐谟

他具备了最高的品德和精深的法律知识,对于最复杂的案件,都易于掌握问题所在。他深受中国古老文化的熏陶,也由衷地接受西方文化。他是仁爱的友人、也是国际正义的斗士。

他是中国现代法学家、政治学家,中国现代史上很有影响的外交活动家。他曾任南开大学法学、政治学教授。他教书育人,载誉南开。

他的名字叫徐谟,曾长期担任南京国民政府外交部次长,贡献颇多;二战结束后,他成为联合国国际法院的首位中国大法官,他法律知识娴熟,堪称一代宗师。

徐谟,字叔谟,江苏吴县人,1893 年 10 月出生,他的母亲是苏州第一所女子学校的开创者。他的父亲是当地一所中学教师,所以他早年得到较好的家庭教育。童年在当地的兰陵学堂就读时,就是一个聪明好学的才子少年。11 岁时,徐谟跟随父母到上海居住,到南洋公学附属小学读书,后来升入南洋公学。

徐谟是一个刻苦学习的学生,尤其是英文学得特别好。在他 21 岁时,要从南洋公学毕业了,在毕业前报考的时候,徐谟对父母说出的自己的想法:"北洋大学是光绪皇帝御批的学校,创办者盛宣怀认识到中国最缺乏懂技术、懂外语、懂管理的新式人才,所以革新传统的教育,把学校办得很正规,专门以培养高级专业人才,我的愿望是能到这个学校读书、深造。"

的确,正如徐谟说的那样,这所学校出来的学生,不只会读经史、写八

股的学究,还学到了洋务事业的新知识。创办者盛宣怀对新式教育有自己的卓见。他给学员定了严格的规则,最明显的就是要求学员一定要精钻本专业,不可心有旁骛,要循序渐进,不容紊乱,他认为打牢知识基础很重要,决不可"学无次序,浅尝辄止"。另外,他不赞成学员单纯学习外语,认为外语只不过是一种工具,学员要结合自己的专业学习外语,这是他有感于中国缺少高技术人才而提出的要求,事实证明很有道理。

1914 年,徐谟如愿考上了天津的北洋大学法律系,由于他在英国文学及英文写作上富有才华,在英文考试中取得了第一名的好成绩,让他马上就从新学员中脱颖而出。课上,他常以流利的英文回答教授们的提问;课外,他擅长用中、英文讲演而负有盛名,他被推选为学校国语讲演会会长、英语辩论会会长。

1917 年 12 月,徐谟从北洋大学毕业,他由天津回到江苏,在江苏省省立扬州第八中学担任英语教师。1919 年 9 月,北洋政府举行外交官招聘考试,该考试每次只录取 2 至 3 人,这个考试对考生学历审查和试卷评阅都很严格,徐谟当年是以第一名被录取的,在当地被传为佳话。

1920 年 1 月,徐谟被派往华盛顿北洋政府驻美使馆见习,他在工作之余进入乔治华盛顿大学攻读法律硕士学位;在美国期间,他同时又在美国华盛顿大学学习法律课程,于 1922 年获华盛顿大学法学硕士学位。

在 1921 至 1922 年,在处理第一次世界大战战后事宜的华盛顿会议上,徐谟担任中国代表团的秘书。由于他表现出色,深受当时中国代表团团长王正延的器重。这段经历,为他以后在中国外交舞台上发挥重要作用奠定了坚实的基础。

1922 年,徐谟从华盛顿大学毕业回国,受聘于天津南开大学,在政治系担任法学、政治学教授,开始了他时间不长但却相当辉煌的南开经历。

到天津南开大学时,29 岁的徐谟全身都洋溢着青春的气息。他虽然长得身材瘦小,但皮肤白皙,额角方正,鼻梁挺直,穿一身笔挺的西装,显出一派高雅气质,于温文尔雅中透着一份威严。他的讲课和演讲的风度堪称一绝,他一副雍容大度的气派,却颇具长者风范。

许多学生喜欢与他相处和交往。有不少学生经常晚上到他住所去谈哲学、谈人生、谈学术、谈国事,海阔天空地自由畅谈,气氛非常融洽。

徐谟讲课和演讲时,口齿利落,语音嘹亮,并且特别讲究语言的运用和表达,极富文采。

关于演讲,他说:"我很重视演说的开头,一开始就能吸引住听众的注意力和兴趣。我提倡演说的自由发挥,讲起来挥洒自如,纵横驰骋。对于演说的结尾,也要讲究技巧,往往铿锵有力,气势恢宏。"的确,正如他说的那样,他不仅善于用中文讲演,而且更擅长用英语演讲。他英语演讲的口才在他后来的外交官生涯中得到了进一步证实和发挥,获得了很高的国际声誉。

由于徐谟教学有方,讲课生动,所以深得学生拥戴,也受到了校长张伯苓的极度信赖。张伯苓与他交情很深,两人结为"知交"。直到后来徐谟在外交部任职多年以后,张伯苓还有意争取他重返南开,希望他"春风相识复归来"。

但是这个愿望却不能实现了,因为徐谟法学专业知识精通,他被聘为法庭的法官,后来,也就是 1946 年,徐谟当选为联合国国际法院大法官,成为中国首位在联合国国际法院任职的大法官。1948 年他任职三年后又连选连任。1956 年,徐谟还当选为国际法学会的副会长。

逐梦箴言

做学生时,他是闻名一方的少年才子;做老师时,他严格律己,一丝不苟,立身处世兢兢业业。他待人宽厚,与人相处生动活泼,诙谐时谈笑风生,是载誉南开的教授;做律师和外交官时,他用卓越才干和取得了斐然政绩;作为中国首位在联合国国际法院任职的大法官,他担任联合国国际法院大法官整整十年,是中国首批走向国际的法学泰斗。

知识链接

联合国国际法院

联合国国际法院是联合国的司法机构，设在荷兰的海牙，亦称"海牙国际法庭"。它依据《联合国宪章》和所附的《国际法院规约》于 1946 年 2 月成立。

国际法学会

国际法学会，又称为国际法研究院，1873 年 9 月 8 日在比利时创立，学会是独立的学术团体，没有任何官方背景，其目的是为了促进国际法的发展。学会每两年召开一次大会。法文是其官方文本，英语由法语翻译而成。

国民政府第一法学家王宠惠

　　如果要问中国获得大学文凭的第一个人是谁？答案是国民政府第一法学家王宠惠，也就是说他是在新中国成立之前就获得了大学文凭。

　　1895 年，清政府在天津设立北洋大学堂（现天津大学），在全国招考学员，王宠惠报名参加了这次考试，并以优异成绩被录取为法科学生。1900 年的 1 月 26 日，他以北洋大学第一名最优等生的身份，领到了文凭。作为我国第一所新型大学的第一届毕业生，王宠惠的这张文凭上有"钦字第壹号"，所以这张文凭也是我国有据可查的第一张大学毕业文凭。

　　能获得中国大学第一个文凭，这是王宠惠的骄傲，也是他传奇人生拉开的帷幕，因为他继"钦字第壹号"传奇之后，成了为中华民族赢得尊严的杰出外交家，成了民国政坛不倒翁，他又精彩演绎了他的法政精英之路——

　　王宠惠，字亮畴。祖籍广东东莞虎门镇王屋乡。他 1881 年 10 月 10 日生于香港荷里活道 75 号道济会堂一个信仰基督教的家庭。王宠惠的祖父王元琛是"广东省首位进教会的信徒"，因为鸦片战争之后遍布中国的反洋教斗争而迁居香港。王元琛有两个儿子，长子王煜初即是王宠惠的父亲。由于出生在这样一个家庭，王宠惠幼年即进入香港圣保罗学校接受英文和西方科学知识教育；与此同时，在父亲的督导下，课余在家里学习《论语》、《孟子》等儒家经典，自小就打下了中西学方面的良好基础，为他日后在学业选择和事业发展方面铺平了道路。

　　1887 年，也就是光绪十三年，王宠惠入读圣保罗学校。一个 6 岁的小

孩子,由家庭教育转到了学校教育,让他感觉很新奇。他兴奋地对爸爸说:"我在学校里交上了很多新朋友,特别是还交上了大朋友孙文。"

爸爸说:"你们就应该成为好朋友啊,孙家与我家在广东时就是同乡,两家又是世交。虽然他比你大 15 岁,但是你们会成为良师诤友的。"

原来,王宠惠父亲王煜初与孙中山交谊深厚。孙中山在香港西医学院学习时,课余时常到王家攀谈。就这样,王宠惠又"初识"孙中山,他们成了志同道合的朋友,后来,他的人生也因为认识了孙中山而被大写得更加精彩。

王宠惠讲:"1895 年重阳节,我哥哥王宠勋结婚,此时孙中山因为策划起义而被清政府通缉流亡海外,但是孙中山居然冒死潜回广州喝喜酒。那次,他差一点被清廷密探逮捕,只是他警惕性高,才侥幸逃脱。"由此可见,两家交往很深。

在圣保罗学校毕业后,王宠惠又进入皇仁书院学习四年。1895 年,王宠惠以优异成绩进入天津北洋西学学堂头等学堂第四班攻读法律学。北洋大学堂是一所典型的"洋"学堂,不仅教员多聘请外教,就是所开设的课程也是移植西方国家的设置,以法科为例,开设的课程包括英文、几何、化学、天文、万国公法、商务律例、民间诉讼律等二十门,所用课本也均援用英文版本。在这里,中西学根底俱佳的王宠惠终身的治学方向初步奠定。

1900 年,也就是光绪二十六年,19 岁的王宠惠毕业于天津北洋大学,获得中国第一张大学毕业文凭。同年,他被南洋公学聘为英文和地理老师。

1901 年,王宠惠赴日继续研读法学,并赞同孙中山革命,发起成立国民会。后与冯斯栾、郑贯一、冯自由等发起组织广东独立协会。

1902 年,王宠惠赴美留学,其间因为经费没有了,到了几乎要辍学的地步。孙中山得知他这种处境后,筹款 1 500 美元接济他完成学业,使他终以优异成绩获耶鲁大学法学博士学位。其实,当时革命亟须款项,孙中山的行为引起其他同志不满,孙中山解释说:"王宠惠为难得的法学人才,吾党此时助其成功,即为将来国民政府建立预备也。"因为在这个时候,王宠惠已和孙中山讨论"五权宪法",并起草《中国问题之真解决》,他早就被孙中

山这个伯乐慧眼识英才了。

后来王宠惠赴英国再行研究法学，取得英国律师资格证。同时，他游历法国和德国等欧洲先进国家，考察各国法律，并被选为柏林比较法学会会员。

更值得一提的是：《德国民法典》是德意志帝国在 1896 年制定的民法典，1900 年 1 月 1 日施行，颁行以来，成为各国法律学界的关注热点。但是，1907 年以前，这部世界民法典史上的经典之作却一直没有较为成功的英译本。就在此时，精通德、英、日三国外语的王宠惠萌生了向英文学界译介《德国民法典》的念头，并立刻开始着手翻译的工作。这部凝聚了王宠惠无数心血也最能彰显其学术功力的《德国民法典》译作在 1907 年问世，由伦敦著名的斯蒂芬斯书店出版，成为英美世界标准版本。一时间，各国学者和读者好评如潮，王宠惠在国际学界声名鹊起，这一次非常漂亮的"亮剑"也奠定了王宠惠在国际学术界的学术地位。

王宠惠作为中国典型的知识分子，无论是在美国留学期间，还是游历欧洲期间，孙中山都曾多次约他晤谈。成功译作《德国民法典》后，他的法学才华更加得到孙中山的器重，

1911 年，辛亥革命爆发，孙中山就任中华民国临时大总统。在挑选内阁成员时，孙中山力挺王宠惠为外交总长，使得年仅 30 岁的王宠惠取代呼声甚高的著名外交家伍庭芳出任临时政府外交总长。后来，他还是辛亥革命后孙中山先生所领导的南京临时政府的外交总长，在北洋政府时期先后担任过司法总长和"好人政府"的国务总理，国民党政府时期也担任过外交部长、司法院长、代理行政院长等要职。

政治场中的王宠惠，他在政治漩涡的夹缝中求取生存，并在最大可能的限度内向他的国家和民族贡献了自己专业的当然也是卓越的智识，无愧于"近代法政精英第一人"的褒誉。

1921 年，王宠惠被选为国际法庭副裁判长，当年冬季赴华盛顿出席九国会议，严斥日本"二十一条"无理；1923 年，王宠惠受北洋政府的委派，出任海牙国际法庭大法官，从此他从政治历练中走向法官的"精英之路"。在

海牙,他处理国际纠纷时的公平与适当,他的深厚广博的法学素养和他的绅士风度,都使得各国的学者和政治家们为之叹服,并为祖国争得了巨大的荣誉。

逐梦箴言

他作为国民政府第一法学家,蜚声国际;他深得孙中山器重并走上革命道路;他学而优则仕,临危受命担任民国首任外长;他政坛沉浮,打造"好人政府;"他是中国首位海牙国际法庭法官,他品德清正、学识悠长、仕途通达,他留下的丰厚的法学和外交思想遗产,至今仍然可以让人们从中得到有益的启示。

知识链接

《德国民法典》

《德国民法典》,是德意志帝国在 1896 年制定的民法典。1900 年 1 月 1 日施行,以后为德意志共和国、德意志联邦共和国继续适用,现在仍然有效。这是继《法国民法典》之后,大陆法系国家第二部重要的民法典。

裁判长

裁判长是在法庭内拥有最高权力的人。在审判过程中容易被人左右,但最后总是能做出正确的判决的人。

从西子湖畔走出的
国际大法官刘大群

2010年,刘大群法官在百家百科讲坛之学者论坛开讲的课程获得空前成功。但是通过网络搜索,查到关于这个法官太多的个人资料,实际上,他却是一个走向国际法庭的中国法官——他是联合国前南斯拉夫问题国际刑事法庭上诉庭法官,是我国著名国际法、国际刑法专家,国际法研究院院士;他历任外交部条约法律司处长、副司长,中华人民共和国驻牙买加大使,联合国前南国际刑庭法官、第一审判庭庭长、国际刑庭上诉庭法官等职,多次作为中国代表团的代表、法律顾问和团长出席国际立法会议,曾作为中国代表团的副团长和首席谈判代表出席制订建立国际刑事法院罗马规约外交大会,在国际法、国际刑法上具有深厚的学术造诣和丰富的实践经验,在国际上享有很高的声誉。

1950年9月20日,刘大群出生在北京的一个革命干部家庭里,家里共有五个孩子,他排行老三,上有两个哥哥,下有一个弟弟和一个妹妹。他的父亲名叫刘子正,是一位1933年就加入中国共产党的老党员,曾任中共山东莱芜县委书记、鲁中地委组织部部长,他出生时父亲正在中共中央高级党校任职。他的母亲名叫李清玉,是一名从延安走来的革命干部,刘大群从小就受到革命家庭的影响和熏陶,因而铸成他果断、刚毅和从容的性格。

1964年,刘大群的父亲从中央党校调任浙江工作,14岁的他跟随父母从北京来到美丽的西子湖畔。当时,他已小学毕业,到浙江后正好读初中,

我的未来不是梦

他成了杭州市第一中学的一名学生，从此成了一名杭州人，以至于后来他走向国际法庭，被称为从西子湖畔走出的中国法官。

刘大群一家在杭州生活两年后，一场史无前例的"文化大革命"风暴席卷神州大地。为了勇敢捍卫毛泽东思想和无产阶级革命路线，刘大群和妹妹刘燕群与其他同学一样，参加红卫兵组织，上北京、去全国各地"大串联"。他回忆说："那时，我们每走一地，都要写一首诗，到串联结束时，写了满满一本。"

然而，他们万万没有想到，活动还在升级和继续，后来，他的父亲和母亲也被当作走资派打倒了，被送往五七干校"思想改造"，瞬间，刘大群家里的五兄妹都成了造反派眼中的"黑五类"了。

在这种特殊的成长环境下，刘大群原本活泼、开朗的性格变得沉默少言了，他变得有些"不合群"。他妹妹刘燕群说："那时候，表面上看我三哥变得不合群了，但是实际并不是因为他性格真的改变了而造成的。而是别人去造反的时候，他总是躲在家里，一门心思看书或自学，而且什么书都看，有时甚至通宵达旦。当然看书是需要担风险的，因为有些书在当时看来都是'封资修'的东西。"

"封资修"是指被称为封建主义、资本主义、修正主义方面的书籍，这些书当时都被称为"有毒"是"禁书"。而这种读书时光很长，一直续到1973年"文革"后期。而在这段时间，正是刘大群读了那么多的书，才使他的学识得到充实，即所谓"博览群书，见多识广"；性格上的"不合群"，却培养了他独立思考的能力。他学着写诗，加强语言锤炼。这时他练就了过硬的"坐功、读功和写功"，这些为他日后当法官打下了坚实的基础。

历史上把1966、1967、1968三届初、高中毕业生，合称为"老三届"，刘大群就是这"老三届"中的一员，出校后做了知青，后来在1973年"文革"后期，刘大群凭着他自学的文化功底上了北京外国语学院。1977年毕业后，又考取北京外交学院进修英文和国际法。

为什么要学习国际法，刘大群说："那时，我父亲早已'解放'，任浙江省高级人民法院院长，在父亲的影响和支持下，我从小就把人生目标锁定在外交和法律上,因为这工作富有正义感……"

何谓正义?从法律意义上解释说正义就是公正的、有利于人民的道理。因此,要想做一名合格的国际刑事审判机构的法官,刘大群说:"必须主持正义,公正审判。"

刘大群在北京外交学院进修结束后,他作为学习尖子被选派到外交部工作。1978 年他被派往中华人民共和国驻冰岛大使馆工作,1984 年任外交部条法司处长,主管司法协助、国际刑法和国际人权法等事务,从此他拿起了正义这把利剑。

1985 年,刘大群受组织派遣赴美国塔夫茨大学弗徕彻法学与外交学院深造。这所学校在美国国际法与国际关系领域声名显赫。他在那里学习国际法并获得硕士学位,回国后长期在外交部条法司工作。

作为中国涉外法律事务官员,刘大群多次代表中国政府参与了联合国或区域性的国际法律会议、重要国际条约的谈判和制定工作。1998 年,他担任中国代表团副团长,代表中国出席罗马会议,参与了创建永久性的联合国国际刑事司法机构——国际刑事法院的缔约谈判。他,还孜孜不倦地著书立说,从 1995 年起陆续主编出版了《国际组织法》、《国际法的新领域》、《联合国宪章诠释》、《国际刑法》、《国际罪行论》等著作。

荷兰海牙素有"国际法之都"的美誉,聚集着世界所有重要的司法机构,如作为联合国六大机构之一的国际法院、国际仲裁院、国际刑事法院、前南国际刑庭,以及伊朗美国求偿法院。2000 年 3 月,尚不足 50 周岁的刘大群法官来到海牙任法官,2001 年又经联合国大会选举,获得连任,担任前南法庭第一审判庭庭长。2005 年 11 月经联合国大会选举,再获连任,出任前南法庭上诉庭法官。

刘大群初到前南法庭时,是当时法庭里最年轻的法官,因此被法官同事们打趣称为"婴儿法官"。刘大群说:"作为国际司法机构的法官,不仅是一种荣誉,更重要的也是一种责任。前两任中国籍法官李浩培教授与王铁崖教授都以八九十岁的高龄当选为法官,他们勤奋不懈、孜孜不倦的敬业精神,十分令人景仰。特别是李浩培法官在 90 高龄时还写出了对塔迪奇

我的未来不是梦

案的法律意见,为国际各大法学杂志所广泛转载。我是站在巨人的肩膀上了,既感幸运,又觉责任重大。"

是啊,他用实际行动证明:法官在审理战争罪行时不能置身事外,必须秉公执法,严格按照法律程序办事。一个法庭的信誉并不在于它判了多少案件、判除了多少被告,而在于诉讼当事人的权利,包括被告人的合法权益是否得到了保障。

宝剑锋利磨砺出,机遇只会眷顾有准备的人,刘大群通过自己的多年勤奋努力,终于成为联合国前南斯拉夫问题国际刑事法庭上诉庭法官,成为我国著名国际法、国际刑法专家。

逐梦箴言

他是一个走向国际的中国法律人,他立德、立功、立言,为法学事业做出了突出的贡献,他之所以能在众多法官中脱颖而出,成为国际法学界的明星,无疑源于他的实力,也源于他人生成长中的磨砺、挑战与激励。在国际法庭上,他这位来自北京的国际法学家,以亚洲人的沉着、冷静和意味深长的幽默,化解了无数次激烈的争执,他让正义回归。

知识链接

法律顾问

法律顾问是指具有法律专业知识,接受公民、法人或其他组织的聘请为其提供法律服务的人员,以及法人或其他组织内部设置的法律事务机构中的人员,均为法律顾问。

国际刑法

国际刑法泛指国际上有关刑事实体法和程序法的法律规范,其确切范围尚无定论。以这类规范作为研究对象的国际刑法学,仍处在个别专题研究的阶段,尚未形成国际法中公认的分支学科。由于世界各国的社会制度、意识形态和法律概念很不相同,刑事审判权又是国家主权的重要组成部分,因而,在由主权国家组成的国际社会中,不可能建立世界统一的、超国家的刑事审判机构,由它来适用一部有普遍拘束力的国际刑法典。当前一般所称国际刑法,是指国家间为特定问题所签订或认可的有关刑事问题的各种公约、条约和国际法一般原则。

第一位当选国际海洋法 ■ 法庭法官的中国人赵理海

"我很荣幸能够在国际法海洋法学界带了个头。我相信我校各门学科都会不断涌现出杰出的风流人物，面向世界，走上国际。我更希望不久的将来，化学、物理、生物乃至文学等领域的诺贝尔奖领奖台上，也会有我们北大人。"

这是从北京大学教授走到国际法庭法官赵理海在 1998 年北大百年校庆之际，预祝北京大学将以名副其实的世界一流名牌大学跨入 21 世纪的赠言。

赵理海，怎能从北京大学的教授走到国际海洋法法庭的首届法官呢？这于他 1944 年获美国哈佛大学博士，打下较深厚的法学功底。和他多年来的艰苦努力是分不开的——

1916 年 7 月 3 日，赵理海出生在山西闻喜县一个富绅家庭里，他家里经营着纺纱厂。他是家里六个孩子中的第四个，因为两个哥哥一个叫赵理河，一个叫赵理湖，他出生后，父亲给他取名赵理海，没想到这个"海"字，竟然让他的一生也真的与"海洋"结下了不解之缘，他后来成了国际海洋法法庭的法官。

1939 年，23 岁的赵理海考上了燕京大学，并取得文学学士学位，毕业后赴美国留学。先在芝加哥大学法学院学习国际法，1941 年取得硕士学位后到哈佛大学法学院和政治系学习，并于 1944 年在哈佛取得了国际法博

士学位。

在哈佛大学读书时，赵理海刻苦攻读，博览群书。他充分利用哈佛图书馆的条件，完成了《中外旧约与国际法》的博士论文。论文中表现出众才华、深厚的法学功底和超群的分析能力，使指导他的哈佛教授们赞叹不已。同时，哈佛优越的学习研究环境、浓厚的法学底蕴为他日后的教学和研究打下了坚实的基础。

赵理海在哈佛大学读书时，为他讲受国际法课程的教授哈德逊就是前常设国际法院法官，那可是一位让他尊重和热爱的教授啊。一日，赵理海在书房里，突然想到了哈德逊教授的谆谆教诲，于是默默地自言自语说："希望有朝一日，我也能像哈德逊教授那样，当上国际法院法官。"然而，谁也没有料到50年后，赵理海的梦想竟然变成了现实。

1945年底，赵理海学成归国，从此便开始了他长达55年的国际法教学和研究生涯。1945年至1947年，赵理海在武汉大学任教，后又到中央大学、南京大学任教。1957年，他来到了北京大学法律系。从此，燕园又多了一位知识渊博的"先生"，学生们又多了一位爱戴的师长。在北京大学一直沿习惯用着一种称呼，大家对那些学识渊博、德高望重的老教授都尊称为"先生"。得到这种称谓的人并不多，但赵理海很长时间以来一直被尊称为"先生"。"赵先生"，这是同事和学生对他共同的称呼。

在长期的国际法教学和科研过程中，赵理海撰写了大量国际法专著和论文，并培养了大批国际法方面的人才。1947年他在国内出版的第一部专著《国际公法》成为当时国内大学法律系的通用教材，该著作也初步展示了他在国际法领域的才华。

在1966年5月至1976年10月"文革"的十年浩劫期间，特殊的历史环境使得赵理海不能进行正常的教学，研究工作也遇到了极大的困难。但可贵的是，他在这个时候也没有放弃对学术的追求。为了弥补国际法资料的不足，他坚持剪报，即使是在江西"五七干校"的牛棚里，他也坚持利用短暂的劳动间歇，仅凭可以找到的《人民日报》，跟踪国际法发展的动向。

正是在"五七干校"的这段时间里，赵理海凭着敏锐的洞察力，看到了

海洋法发展的前景,将海洋法确定为主要的研究方向。干校生活一结束,他回到北京便立即投入到海洋法的研究中,他还参加有关海洋法的各项活动,除担任中国海洋学会总会的理事、顾问及中国大洋矿业资源研究开发协会唯一的高级法律顾问外,还是中国海洋国际问题研究会副会长、中国海洋法学会副会长。实际上,他作为中国海洋法学会的倡导者和创始人,成了我国海洋法学界学术活动的主要组织者和主持人。

国家海洋局局长说:"赵理海教授是我国首屈一指的海洋法专家。"

海洋报社社长说:"赵理海教授对我国海洋法制建设做出了重要贡献。海洋界有今天,大家不能忘记您。"

的确,赵理海的学术造诣主要在国际法,特别是海洋法方面,他在海洋法方面的资深地位得到国际上的认可。他于1996年8月1日荣幸地当选为国际海洋法法庭21名首批法官之一。这在国内引起了巨大反响,舆论界普遍认为他是当之无愧的,这不仅是他本人的荣誉,也是国家的荣誉,北大的光荣。

国际友人来电说:"中国派出了合适的人选"。

国内外媒体评价说:"无论是在个人品格还是在海洋法学识方面,赵理海担任海洋法法庭法官一职都是当之无愧的!"

在参加竞选的午餐会上,中国驻联合国副代表王学贤大使说:"赵先生的名字里的'理海',就意味着管理海洋。"

赵理海自己接着解释说:"理海,即:处理海洋争端。应当指出,我名叫'理海',纯属偶然。我非常感激我的父亲给我起了这个注定要当国际海洋法法庭法官的名字。"他的话引起了一片笑声。

1996年10月18日,国际海洋法法庭的全体法官,在德国汉堡的市政厅大厅里正式宣誓就职。赵理海庄严宣告:"我将光荣、忠实、公平、自觉地履行我作为一名法官的职责并行使我的权力。"诚然,他作为一名法官,为和平、正义和人类进步做出努力。特别是要时刻牢记维护我国及其他发展中国家的海洋权益,反对海洋霸权主义,为建立国际海洋法律新秩序做出了贡献。

逐梦箴言

国际海洋法法庭成功运作关乎世界的和平与安全，他是第一位当选国际海洋法法庭法官的中国人，他光荣、忠实、公平、自觉地履行其作为法官的职责并行使其权力；他是一名学者，用自己广博的学识、严谨的思维，著书立说；他是一名战士，他用手中的笔，同违反国际法的行为作斗争，用他娴熟的国际法知识维护国家的权利。

知识链接

国际海洋法法庭

1996年10月，国际海洋法法庭宣告成立，总部设在德国的汉堡。法庭是《联合国海洋法公约》规定的有关公约解释和适用的争端的司法解决程序之一。《国际海洋法法庭规约》规定了法庭的组织、权限、程序和争端分庭的设立等事项，其他有关规定还散见于国际海底区域争端的解决。

国际公法

国际公法也称国际法，是指在国际交往中形成的，用以调整国际关系，主要是调整国家与国家间关系的有法律约束力的原则、规则和制度的总称。

我的未来不是梦

智慧心语

法治意味着，政府除非实施众所周知的规则，否则不得对个人实施强制。

——哈耶克

没有信仰的法律将退化成为僵死的教条，而没有法律的信仰将蜕变成为狂信。

——伯尔曼

法治概念的最高层次是一种信念，相信一切法律的基础，应该是对于人的价值的尊重。

——陈弘毅

法律职业的社会地位是一个民族文明的标志。

——费尔德

尽量大可能把关于他们的意志的知识散布在人民中间，这就是立法机关的义务。

——边沁

第四章

树立远大理想　追求高尚人生

◦导读◦

　　理想是一簇火种,能点燃拼搏进取的火焰;理想是一盏明灯,能照亮人生奋斗的历程。理想是我们的强大精神动力,牢固树立远大理想吧,确立积极进取的人生态度,用良好的修养来规范自己的行动,努力追求高尚的人生……

伫立国际法学圣殿的 中国大法官李浩培

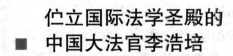

新中国成立以来，只有四位中国人荣膺国际法研究院院士的头衔，其中一位是他；只有五位中国人被严格遴选为国际大法官，其中一位就是他。

他是我国著名的法学家和国际法院大法官，他 1993 年当选为联合国前南斯拉夫问题特设国际刑事法庭法官，是继倪征噢先生之后第二位出任国际大法官的中国人。他的《条约法概论》等著作是我国国际公法方面的经典，他一生著书立说、笔耕不辍。

他懂英、法、德、俄、日、拉丁等六种外语。其中，除英语外，都是在而立之年以后陆续依靠自学掌握，其意志之高远，毅力之坚强确不寻常。他翻译过法文的《拿破仑法典》、英文的《国际私法》、德文的《纽伦堡国际法庭对德国主要战犯的判决》和《德国刑法典》，俄文的《美国刑法的反动本质》和《苏联证据法的实质真实》等书。

作为当代中国和世界著名的法学家，他在国内外享有极高的声誉。他在国际法庭上坚持正义，在外交岗位上呕心沥血，在一系列涉及我国重大权益的国际斗争中维护了祖国的利益和尊严。

他一贯主张采用比较方法研究法学，认为兼听则明，有比较才有鉴别，只有对事物进行比较研究，才能深入、客观、全面，博采众长、补己之短，从而建立中国法学学科。他热爱教育，长期从事法学教育广育英才。

他曾经被联合国安理会选任为前南斯拉夫问题国际法庭大法官，在荷

兰去世时,享受国葬礼遇,女王派宫廷卫队为他守灵。这位胸怀锦绣又享有盛誉的大法官,就是中国国际法学家李浩培。

1906年7月6日,李浩培出生在上海,他的父亲名叫李颂熙,在上海吴淞路开了一家"同德米号"小店养家糊口,一家人过着清贫的生活。他是家中的长子,从小勤奋好学,聪颖过人。

在李浩培读完中学,即将升入高中时,家里发生的一件事,让他对人生目标有了新的选择,他说:"我要攻读法律,为天下人主持公道。"

为什么在他少年时就能有这样大的理想呢?原来,就在他中学毕业之前,家中发生过一件因不懂法律而受人欺负的事。他伯父欠了别人一笔钱,一时还不出即出逃躲债,债权人就状告他父亲,要他替兄还债。本来,他伯父和他父亲两兄弟早已各立门户,是两户人家,但他父亲胆小怕事,吓得连公堂也没敢上就为兄长还了债。这件事情给李浩培留下了刻骨难忘的记忆,使他暗中立志一定要读法律专业,把为天下人主持公道,扶弱抑强作为自己终生为之奋斗的目标。

于是,少年李浩培向着自己的目标努力,1925年,19岁的李浩培考入东吴大学法学系。

东吴大学于1900年在苏州由基督教监理会创建,是中国高等教育史上第一所西制大学,那里一向坚守民办学府的特色,董事会立场超然,学校运作制度化。

其实,李浩培在东吴大学上学时,是半工半读的,他每天要到承天中学教课,以其工资所得支付学费,他的学习生活很艰苦,但是他却是一个非常用功的学生。1928年,他以名列第二的优异成绩从东吴大学毕业。

1936年,李浩培赴英国伦敦政治经济学院读书,专攻国际法和比较民法。他在伦敦如饥似渴地学习,除听课外,每天从上午10点至晚上10点,都是在图书馆里埋头读书。据他同窗挚友著名国际法学家、北京大学王铁崖教授回忆说:"他三年中,在图书馆的桌灯下勤读苦学,日以继夜从不间断,勤学精神令人钦佩。"

的确,李浩培在留英期间,省吃俭用,奖学金除了自用和养活妻儿外,还积攒一部分准备以后再到法国学习。1939 年 9 月，"二战"爆发，伦敦经常遭受德国轰炸，于是他毅然中断学业回国从事法学教育工作。他善于教书，也很重视育人，注意培养学生的德行。他循循善诱语重心长，对学生们讲得最多的是"自爱、自重、自律、自信、自治、自强"等词汇。他经常用中外的一些著名警句来教诲学生，无论是立身处世，还是待人接物都应该首先从自己做起，注意培养自己的风范和情操。他第一次在浙大讲课，整整用了一个小时讲治学和做人的道理。

1949 年，曾任中国国民革命军陆军一级上将、中国国民党内"桂系"首领、时任中华民国首任代总统的李宗仁任命李浩培为司法院大法官，但他以志在潜心教学研究而婉辞谢绝。他说："我不愿为官场逐鹿，宁愿做个教师，领微薄的工资，过超脱清贫的布衣生活。"

1949 年解放前夕，浙江大学一位与国民党政府关系密切的教授准备逃往台湾，行前劝李浩培说："我们一同前往吧，到那里一定会保证你的高官厚禄。"

李浩培回答说："我对这个治国无能，贪污腐化，践踏法律的政权已完全失望。总觉得共产党能由小而大，发展到最后战胜以美式武器装备的对手，这必有其道理所在。"尽管当时他对共产党未有充分的认识，但铿锵肺腑之言掷地有声，他义正辞严的断然拒绝还是表达了他的情感。

1949 年解放后，李浩培来到了北京，把满腔热情都投入到新中国的法制建设工作中去。他曾参与过我国第一批外事法规的起草工作，翻译了不少外国法律典籍。1985 年，全球国际法学界最高的学术团体，瑞士国际法研究院补选九名院士，李浩培年高德劭，众望所归，在第一轮投票中，以位居第二的多数票当选。

李浩培是我国国际法学界的开拓者，率先探索了国际法中的强行法、时际法和条约法等方面的许多重要问题，并做出精辟的阐述分析。在当时，这些尚未引起我国学者的重视和研究。由于他的执著追求、锐意奋进终于登上了国际法学的辉煌顶点，成为深受国际法坛敬仰的一代宗师。

1997 年 10 月 1 日，李浩培因积劳成疾住进海牙红十字医院，在住院

我的未来不是梦

期间仍阅读处理法庭文件，后病情大有好转，但11月6日凌晨，突然不幸去世。在荷兰，李浩培享受国葬礼遇，联合国秘书长安南及各国驻荷使馆工作人员，他的同事、朋友、学生等都发来唁电。追悼会上，他的遗体用联合国旗帜覆盖，国际外交界和法律界人士纷纷前来吊祭这位以身殉职的大法官。主持前南国际法庭的庭长说："他是国际法官的楷模，他是真正独立的法官，具有绝对完整和深邃的国际法造诣。"

逐梦箴言

他幼年立志，把"攻读法律，为天下人主持公道"作为自己的人生追求；他悉心钻研孜孜以求，悠悠六十多年甘为人梯，把自己无私奉献给法学教育事业；他的一生是不平凡的，他鞠躬尽瘁、功绩卓著，为我国的法制建设、人才培养和外交事业做出了不可磨灭的贡献；他著作等身，成为法学界一代宗师、泰斗。

知识链接

《拿破仑法典》

拿破仑法典，广义指拿破仑统治时期制定的五个法典，包括民法、商法，民事诉讼法、刑法、刑事诉讼法；狭义仅指其中的民法典。法学著作中常使用狭义概念，即1804年之《法国民法典》。《拿破仑法典》的内容除总则外，共3编2 281条。第一编是人法，是关于个人和亲属法的规定，实际上是关于民事权利主体的规定；第2编是物法，规定了各种财产和所有权及其他物权；第3编是关于取得所有权的各种方法，这一编规定了继承、赠与、遗嘱和夫妻财产制，还规定了债法。这部法典至今仍在使用，但随着法国社会经济和政治的变化，法典也进行了100多次修改。

强行法

强行法,又称强制法,或称绝对法,含义为必须绝对服从和执行的法律规范。自第二次世界大战以来,强行法已逐步成为维护世界秩序的一种法律准则,成为国际社会全体接受并公认为不能违背须绝对遵守、且仅仅由以后具有同等性质的一般国际法规律使得变更的规则,它不能以个别国家间的条约排除适用。

第一位出任国际大法官的
中国人倪征噢

　　他的业绩得到了国际法学界的赞誉,美国斯坦福大学法学院将他的名字镌刻成铜牌,与其他斯坦福名流的铜牌一起高高悬挂。2000 年 10 月,美国斯坦福大学法学院宣布,为表彰他的杰出成就,在该院设立以他名字命名的"国际和中国法律奖",在该院长廊的墙上镶嵌一块刻有他名字的铜牌和他的照片。

　　他就是新中国第一位联合国国际大法官倪征噢,他曾获得法学学士学位、美国史坦福大学法学博士学位;他曾作为远东国际军事法庭检察官,参与审理日本战犯板垣征四郎案件,取得严惩日寇元凶的胜利;他曾是东京审判中国检察官首席顾问;他在联大和安理会上以绝对多数票当选为国际法院大法官。

　　倪征噢 1906 年出生在江苏省吴江县市黎里镇,他的父亲名叫倪寿康,是个秀才,他出生在一个书香门第的大家庭中,为什么说"大"家庭,因为家里九个孩子,他是最小的一个。

　　在给他取名字时,他父亲说:"他这一代是'征'字辈,哥哥姐姐的名字第三个都有'日'字旁,他出生在炎热的夏天,所以第三个就叫'日奥'吧。"

　　"日奥"这个字,只是在康熙字典上有,一般字典上没有,所以后来他的名字又被写为倪征噢、倪征燠或者倪征日奥,但无论怎么写,人们都知道是他这个从小就立志学法的大法官。

为什么他从小就要立志学法，这还要从他的家庭和他的童年说起。

倪家家风开明，连女儿也都外出念书，况且9个孩子读的都是"新学"，就是西方资产阶级民主主义的文化，包括那时的社会学说和自然科学，是和中国封建主义的旧文化相对立的新文化。

倪征噢出生的1906年，正是军阀混战、兵荒马乱的年代，民众的生活毫无保障。在他3岁那年，一场大火烧毁了他家的祖屋，生活顿时陷入困境，全家人只好迁居到平望镇居住。在平望和黎里他相继读了私塾和小学。

1911年，在倪征噢5岁时，随父母去看望住在上海英租界的曾随孙中山参加过同盟会的九叔，他在那里听说的一件发生在租界里的事情给他留下了深刻的印象。当时上海租界里的法院称为"会审公廨"，凡涉及外国人的诉讼，都要由中国官员会同该外国人所属国家的领事会审。此次会审中国官员与外国领事意见相左，当场发生争执，外国领事蛮横地扯断了清朝官员的朝珠，珠子滚满一地。朝珠在清朝是政府权力的象征，此事极大地震惊了上海市民，造成上海全城罢市。这件事也刺痛了倪征噢幼小的心灵，加上在这之前，他已经听过《包公案》、《施公案》一类的公案小说故事，在他幼小的心中早已埋下为民请命的种子。

在倪征噢8岁的时候，一天和父亲对对子，他写下："今日藐乎一学童，他日中国主人翁"。父亲看后，知道他是在表白自己的志向，高兴地称赞他："此子今后非池中之物。"

小学毕业后，倪征噢考入上海著名的私立澄衷中学，澄衷中学之所以著名，是因为创办人很传奇。做了一辈子船工的叶澄衷在一次送客人上岸后发现，客人遗忘在他船上一大包钱，当时雨大风急，他可以一走了之，但他却选择了留下来等，直到失主回来。失主很感动，并赠给他一大笔酬谢金，他没有买房子置地，而是建了一所学校，留下了只有两个字的校训：诚朴。诚朴也就成了倪征噢一生的座右铭，在这所学校读让他人生的重要转折点。

两年后，倪征噢又转学考入沪江大学附中就读。1923年，17岁的倪征噢因成绩出色，直升沪江大学。后来，读到大学二年级结束的时候，他又考

我的未来不是梦

入上海东吴大学法学院。

为什么要学习法学，原来，倪征燠到上海读中学时，还专门跑到"会审公廨"去实地看过，儿时留在他记忆深处的印象，仍历历在目，他暗暗发誓：一定要努力读书学习，为收回中国的司法权，建设一个法治国家，做出一个中国人应有的努力。所以，在他儿时感受的影响之下，他决定学法律，他自小就显示出了非凡的才华和远大的志向。

倪征燠在东吴大学读书的日子，是非常艰辛忙碌又紧张刺激的。东西方的法理传统和法律制度，在一代代中外大师的描述与分析中洋洋洒洒，铺展开来。但在快乐读书的背后是沉重的学习压力，一年级的40多个同学，到最后毕业的时候就只剩下了13人。而他的这段求学生活是异常艰难的。这段时间他每一天都在疲于"奔命"：每天要起得很早，要先赶到江湾持志大学学习文科，10点钟后，又要赶到唐山路澄衷中学"勤工俭学"教英语，中午后，要直奔昆山路的东吴大学学法学。

倪征燠在东吴大学一边读书一边勤工俭学，挣出自己的学费和生活费，而且在他读东吴大学后不久就决定要继续深造，去美国攻读法学博士学位。

大学毕业后，倪征燠如愿以偿地来到了美国斯坦福大学，他决意要留美深造法律，而美国大学规定，攻读法学博士要有法学士和文学士两个学位，倪征燠却又非常珍惜这个学习机会，对于一个像他这样的穷学生来说，远渡重洋到美国是非常不容易的，不巧那一年又没有公费留学，他只有自费留学。

美国斯坦福大学的校园很大，有时候从一个教室到另外一个教室要走很远的路，所以他和一个叫邬鹏，另一个叫徐焕明两个同学花了45美元，共同买了一辆二手车，骑车上学就可以节省好多路上的时间了，后来这两个同学的父亲还借钱帮助他交学费。

从美国斯坦福大学毕业后，倪征燠在东吴、持志、大夏三所大学执教法律，1943年1月，英美等西方国家被迫取消强加在中国人民头上近百年的"领事裁判权"后，倪征燠被任命为重庆地方法院院长；1946年，倪征燠以

中国检察官首席顾问的身份参加东京大审判,他在关键时刻临危受命,挺身而出,用他丰富的学识和高超的辩论技巧对侵华主要战犯提出了有力的控诉,维护了中华民族的利益和尊严,为国家和民族讨回公道。

1956 年,倪征噢出任中华人民共和国外交部顾问;1971 年,中华人民共和国重返联合国后,他多次作为代表出席国际海洋法大会;1981 年当选为联合国国际法委员会委员。

1984 年 11 月 7 日联合国和安理会分别投票选举国际法院大法官,倪征噢以他高尚的品格和资深的阅历、以绝对多数选票顺利当选。倪征噢成了新中国历史上第一位享受到国际司法界最高荣誉的国际法官,那时他已经是 78 岁的高龄,是国际法院里年龄最老的法官。

在国际法院,倪征噢连续九年担任国际法官。在他任期内国际法院审理的案件很多,他亲力亲为,撰写每一个案件中的法律条款,他在审理案件中所坚持的客观公正的立场以及他热诚的为人,赢得了其他国际法官的尊重。

倪征噢在国际法院大法官的位置上为国际法院处理了大量世界大案,他为世界人民的和平倾注心血、极尽心智,他热爱这项维护世界和平和友好的崇高事业。

倪征噢在国际法院大法官任上卸任时已近 88 岁了,离任后仍不辍耕耘,继续担任外交部法律顾问和中国海洋法学会会长。他用"淡泊从容"四字形容自己一生的经历,正是一生淡泊名利,清正高洁,使他具有长者、智者的风范。而满腹学识和高超的技艺又使他不论面临什么问题,都能泰然处之,从容应对。在法庭上,倪征噢十分威严,而在生活中,他又情趣高雅。一辈子喜爱昆曲,他唱起昆曲来是字正腔圆,抑扬顿挫,铿锵有力。

2003 年 5 月,倪征噢 30 多万字的著作《淡泊从容莅海牙》出版了,钱其琛为该书写的序言中说:"倪征噢先生回忆录《淡泊从容莅海牙》出版了,这是中国外交界和国际法学界的一件大事。"是啊,这本回忆录的出版,不但对于数十年来国际法在中国形成与发展具有重要的史料价值,而且对于进一步推动国际法的学习和研究也具有积极的意义。

我的未来不是梦

为了公平正义比太阳还要有光辉

2003 年 9 月 3 日，97 岁的倪征燠在北京去世，他这位曾见证近百年中国法制史，参与许多重大法制事件的法学大师，用自己的生命经历印证了他自己的一句话："我的一生没有离开一个'法'字"。

逐梦箴言

在将近一个世纪的漫漫征程上，他一步一个脚印，走得踏实而稳健。不管是身居显赫的职位还是在平凡岗位上耕耘，他都从容应对，以自己闪光的一生启济后人，为国家留下了宝贵的财产。他作为一代法学大家，一生肝胆如星斗，他为中国和世界各国法律外交树起了友谊的丰碑，他的业绩得到了国际法学界的赞誉。

知识链接

检察官

检察官是依法行使国家检察权的检察人员，包括最高人民检察院、地方各级人民检察院和军事检察院等专门人民检察院的检察长、副检察长、检察委员会委员、检察员和助理检察员。

会审公廨

会审公廨是清末中国地方官与列强领事官就中国人与外国侨民之间发生的争讼进行会审的机构。1864 年后，先后于上海、汉口、哈尔滨、厦门鼓浪屿等地设立。根据列强与清政府签订的有关协议，会审公廨设立于各国在中国的租界内，名义上是中国司法机构在租界内的分支机构，由中国政府派员主持审判，并适用中国法律。但在实质上，会审公廨的设立使得中国司法主权受到极大损害。

■ 海牙法庭首位中国籍院长史久镛

2003 年 2 月 6 日，农历正月初六，中国人正沉浸在春节的喜庆气氛中，从位于海牙的联合国国际法院传来令人振奋的消息：年近 77 岁的中国籍法官史久镛先生当选为国际法院院长，这是国际法院自 1946 年成立以来首次由中国人出任院长一职。

国际法院是联合国六大机构之一，为联合国的主要司法机关，从 1971 年中国进入联合国后才恢复了中断多年的法官任命，但史久镛却是第一个担任国际法院院长的中国人。这不仅是史久镛个人的荣耀，更是整个中国得之不易的荣誉。

获悉史久镛先生当选消息后，时任中国外交部长唐家璇当即致电祝贺说："您的当选是国际社会对您卓越学识和公正品格的肯定。这是您个人的荣誉，是中国法学界的荣誉，也是我国民族和国家的荣誉！"

1926 年 10 月 9 日，史久镛出生于浙江省宁波市，他的父亲是一个经营染料业的商人，家境比较富裕。据史氏家谱记载，天下史姓以溧阳为宗，东汉史有崇公被封为左将军司空溧阳壮侯，后来崇公被尊称为史族一世祖，至今已有 60 余世，近 2 000 年的历史。史久镛是溧阳侯第 58 世子孙。

史家不论先祖，还是后代，真是"相貌堂堂台前做，文官武将皆人才"。我国第一位女教育学博士、清华大学博士生导师史静寰教授、在中南海给中央领导讲课的北京师范大学副校长史培军教授、中国财政金融专家中央财经大学的史建平教授、天津大学校长史绍熙院士、西安交通大学的史维

祥院士、电力部部长史大桢、中国证监委副主席史纪良、河南省副省长史纪民等史家遍布全国各地的专家学者，证明这个家族人才辈出，而国际大法官史久镛更是这个家族的荣耀，他与香港财政司史美伦，与中央文物鉴定委员会副主任、著名书法家史树青并称为史氏宗族的"史氏三杰"，是杰出的代表人物。

史久镛是家里第一个男孩，他有两个姐姐，母亲后来又为他生了3个弟弟妹妹。在他1岁时，随父母迁居上海，他父亲一开始到一家洋行做了高级职员，后来到一家瑞士人办的染料纺织商行工作。

富裕的家境使史久镛从小就受到了良好的教育，到了应该上学的年龄，他父亲说："民国小学是一所非常正规的学校，你就到那里读书吧。"小学毕业后，史久镛的父亲又对他说："雷士德中学是虔诚的英国基督徒雷士德创办的，学校坐落在英租界内，教师全部用英语上课，你就到那里读初中吧。"

就这样，史久镛完成了小学和中学和课程，特别在雷士德中学，史久镛那一口纯熟的英语就是在这里打下了扎实的基础。

表面上看，史久镛因为家境富裕，父亲又把他送入最好的学校读书，他的童年、少年应该是无忧无虑，可并不是这样，在他很小时候内心就沉浸在一种"哀愁"之中。有一天他对两个姐姐说："咱们家能不能从虹口英租界搬走啊？我每天上学要经过岗哨林立的外白渡桥，我要无可奈何地向凶神恶煞般的日本宪兵鞠躬行礼，让我有一种几乎无法忍受的屈辱感……"

事实上，史久镛的整个求学时代都是在动荡的战乱时期度过的。他们家住在英租界，相对而言，外国租界内尚残留几分"祥和"气氛，但看到敌伪"孤岛"时期的上海，在日本侵略者铁蹄的蹂躏下呻吟挣扎，他的心还是被深深刺痛了！

1937年后日军的野蛮入侵，彻底打破了少年史久镛无忧无虑的日子。他目睹了抗日战争的全过程，特别是亲历了上海的沦陷与光复。历经战乱使史久镛多了一份成熟与理性，他开始思考人类的命运与自己的责任。

史久镛从雷士德中学毕业后，被父亲送入圣约翰大学学医，为什么要学医，他父亲说："我希望你们姐弟几人能够学习理工、医学，将来能救同

胞、救中国……"

可就在史久镛学医后不久，他父亲又对他说："眼看着上海处于日本人的蹂躏之下，作为一名爱国商人，我怀抱一腔工业救国的热忱，希望你能考虑'弃医从文'吧。"

父亲的话，正说到史久镛的心里。因为太平洋战争爆发后，史久镛的心里便萌生了爱国、抗日的激情。于是他对父亲说："覆巢之下，安有完卵？我希望去学习与国际接轨的学科……"

1944年夏天，18岁的史久镛以优异成绩考入上海圣约翰大学政治系。这段经历与"弃医从文"的鲁迅先生非常相似。

1948年，史久镛从圣约翰大学毕业后，赴美国哥伦比亚大学继续深造，学习国际法。在哥伦比亚大学获国际法硕士学位之后，又在那里做了3年的国际法研究工作，从此走上了法律之路。

后来，史久镛说："自己当初上大学时之所以选择法律和国际关系专业，主要原因就是当时正值二战末期。面对残酷的战争给黎民百姓带来的灾难，年轻的他希望用法律知识为人类服务，以法律促进国与国间和平解决争端，避免战争。"

当年，本来史久镛是要继续自己的法律博士学位学习的，但是由于二战的影响，以及新中国发出的强烈呼唤，年轻的史久镛放弃了博士学位，满怀报效祖国的理想，放弃国外优厚的研究工作条件，离开了留学6年的美国而踏上归程，推开了新中国的大门。年轻的史久镛怀着一颗赤子之心，决心用所学的知识为新中国服务。

回国后，史久镛先后在北京国际关系研究所、北京外交学院和北京国际法研究所从事研究与教学工作，为国家培养了一批又一批的法律人才，为新中国的法律建设做出了自己的贡献。改革开放后，史久镛又从教学科研岗位转到国家行政机关，先后担任中国外交部法律顾问、联合国国际法委员会委员等职。期间还担任了关于香港问题的中英联合联络小组、中国法律顾问中心等工作。

1993年11月，史久镛当选国际法院法官，2000年当选为国际法院副

我的未来不是梦

院长，2002年他再次当选为国际法院法官。此次当选充分反映了国际社会和国际法学界对其学术、人品、操守诸方面的高度信任，年逾古稀但身体硬朗的史久镛说："当选使我有机会继续为国际社会的正义和国际法做出自己力所能及的贡献！"

"本人郑重宣言，愿秉公竭诚，必信必忠，行使本人作为法官的职权。这依旧是我今日的誓言，愿为主持国际公道，人间正义，继续不懈奋斗！"这是当年史久镛在和平宫大法庭前宣誓。

史久镛这一名字在中国法律界、特别是国际法界，可以说是赫赫有名。他话虽不多，但学识渊博、为人正直，他被公认为是世界最高层次最高级别的法官，是德高望重、公正无私的人物。

逐梦箴言

他秉承父志报效国家，为世界和平而"弃医从法"；他一生与法律结缘，靠专业打天下；他敬业奉献不求闻达，报效国家一生无悔；他不计荣辱诤言国是，主持公道案牍劳形；作为第一个中国籍的国际法院院长，他必信必忠维护正义；他为实现国际社会的正义、维护世界和平和推动国际法的发展贡献了自己的一份力量。

知识链接

中国外交部

中国外交部是指中华人民共和国外交部，是中华人民共和国政府的外交机关，负责处理中华人民共和国政府与其他各国政府及政府间国际组织的外交事务。

法律博士

法律博士是一个法律学位，是法律教育中的一个学历，但亦有译为法律硕士、法律职业博士、法律专业博士等翻译的情况。

国际法院首位中国籍
女法官薛捍勤

2010年9月13日,她身穿黑色法官长袍,与其他十余位法官一同缓步走进国际法院大法庭。她在现场约100名各国外交官、国际法学专家及来宾的注视下庄重宣誓:"我将光荣地、忠诚地、公正地、尽责地履行我作为法官的职责,行使我作为法官的权力。"

她在联合国大会和安理会举行的国际法院法官选举中高票当选,从而成为这一权威国际司法机构中的首位中国籍女法官。她曾在北京大学学习国际法,后赴美国哥伦比亚大学深造,获法学硕士、博士学位,在外交部条约法律司的长期实际工作中,作为中国政府的代表,出席过许多重要的国际会议,主持过很多双边、多边国际谈判。

在她之前,新中国先后有倪征燠和史久镛两位中国籍法官曾入主国际法院。而她作为中国的一名女性能当选,这个消息更令人振奋。她此番由外交官变身联合国国际法院法官,意味着在联合国成立65周年这个特殊年份,她成了首位出任国际法院法官的中国女性。由此,不仅表明了中国在国际事务中的位置和作用,也体现了国际社会对中国女性候选人优秀人才的充分认可。

她的名字叫薛捍勤,她在宣誓前对新华社记者说:"越来越多的女性加入到主要国际司法机构的工作中,是社会文明的进步。"

薛捍勤,祖籍山东,1955年9月15日出生在上海,成长在北京,因为父

我的未来不是梦

亲是军人，70年代，当时正在读高一的她随父亲来南京，在南京石门坎中学完成了高中学业。她说："每年盛夏傍晚，大街两旁，便有市民陆续抬出竹床，一家人在上面乘凉。竹床连片成营，场面蔚为壮观。南京有火炉之称啊，我们从北方来，哪见过这阵势。"

同南京的"热"相比，来南京后与父亲的一次对话更让她终生难忘。她对爸爸说："南京比我想象中的还要美好多倍，我到了南京才明白国父孙中山说南京为中国古都，在北京之前的含义。"

爸爸说："这里有高山，有深水，有平原，这里是中国著名的四大古都及历史文化名城之一，这里更有'南京大屠杀'给我们带来的启示，中国要立于世界民族之林，必须团结统一，繁荣富强……"

听到爸爸的话，薛捍勤心中南京的美景，瞬间全被侵华日军在南京大屠杀30万同胞这种苦难所占据，她暗暗发誓一定要好好学习，一定要为报效国家出力。

尽管这是留在她记忆里在南京最宝贵的经历，但是她由此和这座城市结缘，她视南京为"第二家乡"。她说："在南京城里居住的日子，对我青春的磨炼，为后来的事业成功打下了厚实的基础，我很感谢有这样一段经历。"

后来，薛捍勤的父母定居南京，至今已有30多年，也因此使薛捍勤对南京的感情更深一层。她说："我到过全球很多城市，南京城永远是最特殊的一个。无论是居住环境，还是人文底蕴，南京城都是一个让人特别留恋的城市，这座城市也是值得骄傲的地方。"

从薛捍勤的话里，我们可以看出高中阶段对一个人的重要性，她在南京时就把"坚持"作为一种信念，如果没有一颗坚持执著的心，又何以到达胜利的彼岸。若干年后，当她成为国际法院首位中国籍女法官的那一刻，她所代表的已经不仅仅是她自己，而是整个中国。她的成功，是中国的骄傲，她的成功，是她热爱祖国的标志。她用她自己的实际行动，来证明了自己的能力，同时，也向世界证明了中国。

1980年，25岁的薛捍勤以优异的成绩从北京外国语学院毕业了，直接被分配进外交部条约法律司。其后，她创造了多项"第一"——

2001年,薛捍勤就因为成为联合国国际法委员会历史上的第一位女性委员,而被传为佳话。2002年,她选为联合国国际法委员会委员,后来她成为中国外交官成为第一位女性主席。联合国国际法委员会,这可是个令人敬仰和注目的专门负责起草国际法文本的专业机构,这个机构成立于1947年,但一直不为人们广泛所知。与联合国大会、联合国安全理事会、国际法院这样的知名机构相比,联合国国际法委员会给人们的印象是陌生的、遥远的。然而,对于学习和研究国际法的专业人士来说,联合国国际法委员会无疑是令他们神往的,因为只有各国顶级、世界知名的国际法学者才能有幸被纳入其中。这样的一个特殊机构,因为中国驻东盟大使薛捍勤女士成为该委员会历史上第一位女性主席,而成为不少新闻媒体竞相报道的对象。

薛捍勤是一个典型的50年代人,她端庄、大方、干练,办事严谨,为人谦逊,工作务实,学养深厚。她长相大气、内秀,一点也没有架子,很容易和人们拉近距离。她在举手投足间,令人肃然起敬。她用自己的努力实现了一个又一个跨越,创造了一个又一个新的历史,这个历史不仅属于联合国国际法委员会,属于联合国,也属于中国。

薛捍勤不仅有丰富的外交和国际法实践经验,而且在学术上造诣深厚。在学术上,她长期担任中国国际法学会的领导职务,在国内法律院校兼任教授,出版和发表了诸多中、英文国际法著作和论文,在国际法学界得到广泛的赞誉。2005年,她当选为布鲁塞尔国际法研究院院士;2008年12月任中国驻东盟大使,她用一片丹心,让东盟民众了解一个真实、全面、立体的中国;2009年被推选为亚洲国际法学会会长;2010年5月12日当选联合国国际法委员会主席,2010年6月29日当选国际法院法官。

媒体称薛捍勤为"铁娘子"、"女强人",对于这样在普通人眼中的褒奖之词,薛捍勤说:"我不喜欢类似'铁娘子'、'女强人'之类的说法,这表明人们认为女性取得的成功是非正常的。"

的确,按照人们的约定俗成,外交官是男性职业,而法律专家、律师亦是如此。而薛捍勤作为一名女外交官、资深的国际法专家,薛捍勤颇有些自嘲地表示,她确实进入了"双重的男人世界"。

为了公平正义比太阳还要有光辉

事实上，二战后，大量的职业女性也在外交领域崭露头角。新中国成立后，中国女外交官出现在各种国际外交舞台上，成为外交战线上名副其实的"半边天"。

能成为国际法院首位中国籍女法官，薛捍勤说："这不仅仅是一份荣誉、光荣，更重要的是一份责任，对国际社会的责任。在我履行职责的过程中，我将秉承《联合国宪章》和《国际法院规约》，为和平解决国际争端、促进世界和平与安全做出自己的贡献。"

逐梦箴言

作为一名中国知识女性，她几十年如一日，从来不曾中断对法学专业的学习与研究；作为一名资深外交官和国际法专家，她兢兢业业、持之以恒、务求精通，日积月累，使她对国际法的了解与把握达到了炉火纯青的程度；她专业领域学识渊博，建树精深，过硬的专业本领是她问鼎国际法院的最大本钱。

知识链接

律师

律师不同于古代的讼师、状师。是指依法取得律师执业证书，接受委托或者指定，为当事人提供法律服务的执业人员。按照工作性质划分，律师可分为专职律师与兼职律师，按照业务范围划分，律师可分为民事律师、刑事律师和行政律师，按照服务对象和工作身份，分为社会律师、公司律师和公职律师。律师业务主要分为诉讼业务与非诉讼业务。律师职业的基本特征是，具备必需的法律专业知识，以提供法律服务为职能，受国家保护和管理。

《联合国宪章》

《联合国宪章》,被认为是联合国的基本大法,它既确立了联合国的宗旨、原则和组织机构设置,又规定了成员国的责任、权利和义务,以及处理国际关系、维护世界和平与安全的基本原则和方法。遵守联合国宪章、维护联合国威信是每个成员国不可推脱的责任。1945 年 6 月 26 日,来自 50 个国家的代表在美国旧金山签署了《联合国宪章》。《联合国宪章》于同年 10 月 24 日起生效,联合国正式成立。1947 年 10 月,联合国大会把 10 月 24 日定为"联合国日"。

◎ 智慧心语 ◎

国际法官是超然的，超越国家利益之上，只有这样才能取信于世界。

——倪征噢

解释法律系法律学之开端，并为其基础，系一项科学性工作，但又为一种艺术。

——萨维尼

法律是人类为了共同利益，由人类智慧遵循人类经验所做出的最后成果。

——强森

自由就是做法律许可范围内的事情的权利。

——西塞罗

法律的真理知识，来自于立法者的教养。

——黑格尔

第五章

把握正确航向　实绩成倍增长

◎导读◎

　　一代人有一代人的使命。德才兼备、以德为先，只有把文化知识学习和思想品德修养紧密结合起来，才能在思想观念多元、多样、多变的时代，牢牢把握人生的正确航向，把人生追求同民族的前途命运联系起来，在平凡的劳动岗位上创造不平凡的业绩，从而在推动社会进步中实现人生价值。

远东国际军事法庭检察官向哲浚

60多年前,由美国、中国、苏联、英国等11个盟国组成的远东国际军事法庭在东京对日本战犯进行的审判渐入高潮。当年,以中方检察官向哲浚、法官梅汝璈和首席顾问倪征燠等中国法律界"三杰"为首的中国代表团,排除万难,艰苦取证,最终把7名日本甲级战犯送上了绞刑架。这是历史上著名的"东京审判",下面要讲的就是"三杰"之一:向哲浚的故事。

向哲浚,1892年1月出生在湖南省宁乡市一个贫苦的农家。家境不好,但是他却是一个特别爱上学的孩子,且成绩非常优秀。小学毕业时,被保送到长沙修业学校。在那里他结识他的代数老师徐特立,徐特立也曾是毛泽东的老师。和徐特立老师结识后,让向哲浚的人生有了转变,使他少年时就怀有报效祖国的赤子之心。

向哲浚说:"那时正是清末民初,湖南是开风气之先的地方,血气方刚。有一次徐特立老师咬破手指,血书八个大字:'驱除鞑虏,恢复中华',给我们留下了深刻的印象。我们这些少年,也在衣服里缝上了'匈奴未灭,何以家为'这几个字。其实,那时候并不全懂其中的含义,这在心里头是一种朴素的冲动。"

从1908年开始,美国人用"庚子赔款"招考中国学生赴美留学,在北京成立了游美学务处,也就是清华大学的前身。1912年,向哲浚在长沙看到招考通知,想去考,可修业学校不同意,他就偷偷地改了名字去报名。他原来叫"向哲文",这时改成了"向哲浚",为什么给自己起这个新名字,他说:

我
的
未
来
不
是
梦

081

"这名字是从《尚书》'浚哲文明'这句话来的。"

就在这次考试中,向哲浚自己都没有想到,他居然"连中三元",在长沙、湖南、北京,三级会考都是第一名,以长沙、湖南、北京三级会考第一名的成绩成功考中赴美留学生。

1917年,24岁的向哲浚被美国耶鲁大学录取,作为清华学堂走到美国的留学生,他获了华盛顿大学法学士学位。在这个时候,因为向哲浚精通英语,他常常和青年教师们一起备课,讨论教案,听课,互相观摩,帮助他们解决问题,并组织教研组教师到兄弟院校交流,提高教学质量。平时他更是鼓励大家用英语谈话,以锻炼口语。

1919年国内爆发"五四运动"的时候,身为学生会主席的向哲浚组织留学生,声援撤回领事裁判权。后来,向哲浚拿到了美国国会图书馆的奖学金,转入乔治·华盛顿大学,直到1925年拿到法学博士,前后在美国学习了9年。直到晚年,他仍保留着求学国外时的生活习惯,比如在他80多岁时还坚持去游泳跳水,和夫人儿媳一起坐公交车出门,有座位一定是让她们坐。

回国后,向哲浚先在大学教书。后来,政府要撤回领事裁判权,需要人从事这项工作,因为向哲浚在耶鲁时有过这么一段经历,就被选中了,进入了公务员系统,先后出任苏州地方法院院长,上海第一特区地方高等法院首席检察官。

值得一提的是在1937年抗日战争初期,向哲浚和几个同学谈到陆游的诗《示儿》:"死去元知万事空,但悲不见九州同。王师北定中原日,家祭无忘告乃翁。"向哲浚说:"这首诗表达了诗人恢复中原、统一国家至死不变的爱国愿望。国难当头,何以为家?大家应相约以国家责任为先,不要过早谈婚论嫁。"

至此,向哲浚谈出了他的婚姻观念,也让人明白了他年过40才有家眷的原因。

1945年抗战胜利后,向哲浚奉召到重庆,组建出席远东军事法庭的中国代表团。他选择担任检察官,推荐清华的师弟梅汝璈为中国法官。于是,

有了后来的中国法律界"三杰",他精心安排,说服"末代皇帝"溥仪出庭作证,证明土肥原贤二在策划"九一八事变"和建立"伪满洲国"过程中的罪行,现实意义深远重大。东京审判持续了三年,可以想象其中的艰辛和困难,但是他作为中方检察官,经过唇枪舌剑后,最后让战犯认罪,达到了审判的目的。

一次,一位知道向哲浚经历的人打趣地问:"向老,东京大法官有多大?"

向哲浚微笑着认真地答道:"代表国家啊!"虽只短短五个字,但分量可想而知。他作为中国检察官在远东军事法庭行使职责,代表的是中国,被害方是全体中国人民。当时的军事法庭采取英、美、法诉讼程序,定罪不是光靠国民党政府的一纸战犯名单,而是要看证据是不是有力、还要不被对方的辩护驳倒。而战争期间中国方面没有注意搜集和保留证据,日本方面借口严守军事秘密,投降后又销毁了大量犯罪证据,因此向哲浚的工作困难重重。他能在如此境地做到不辱使命,其爱国心、责任感和才干可见一斑。

东京审判结束后,向哲浚拒绝了政府给他最高法院检察长的任命,他开始在上海财经学院(今上海财经大学)任校基础课教研室主任。他每天按时到学校上班,从不向人夸耀当年的经历。他个子不高,但身体硬朗,有种不怒自威的神采。在年轻老师的眼中,他不仅是个学者,更是个和蔼可亲的长者。

逐梦箴言

从小,他是一个爱上学的农家穷孩子,在少年时便怀一颗赤子之心,他蓄志学法,终于成为著名大法官。作为"东京审判"的中国检察官,他不辱使命,在异国他乡为国家据理力争,

我的未来不是梦

夜以继日艰难取证，他为伸张正义殚精竭虑、斗智斗勇，经过唇枪舌剑后，最后让战犯认罪，他是我们永远不能忘怀的人。

知识链接

远东国际军事法庭

远东国际军事法庭又称东京国际军事法庭，第二次世界大战结束后，1946 年 1 月 19 日，远东最高盟国统帅部根据同盟国授权，公布《远东国际军事法庭宪章》，宣布成立远东国际军事法庭，在东京审判日本战犯（又称东京审判）。远东国际军事法庭由中国、苏联、美国、英国、法国、荷兰、加拿大、澳大利亚、新西兰、印度、菲律宾等 11 个国家代表组成。

出庭作证

出庭作证是证人依有关法律规定出席法庭并就自己所知道的案件情况向法庭提供证言的活动。证人出庭作证是直接、言词原则的表现，是正确认定案件事实的内在要求。根据我国刑事诉讼法及有关司法解释的规定，证人应当出庭作证，证人证言必须在法庭上经过公诉人、被害人和被告人、辩护人双方讯问、质证，听取各方证人的证言并且经过查实以后，才能作为定案的根据。

新中国第一代大法官张志让

他是我国著名法学家、律师、教授、大法官。他 1915 年毕业于复旦公学预科，后赴美国、德国留学；他 1932 年起任复旦大学教授；1949 年 7 月至 1952 年 10 月，他任复旦大学校务委员会主任（校长）；1949 年 10 月至 1978 年 4 月，任最高人民法院副院长；他是我国著名的民主战士，曾因担任"七君子"的首席辩护律师，同国民党反动派坚决斗争，而得到全国人民的钦敬。

他是从复旦大学走出的大法官，并且是新中国第一代大法官，他叫张志让，他曾学在复旦、教在复旦，他敢于斗争、爱国奉献的事迹，不仅是复旦人的骄傲，更是激励中华儿女奋进的宝贵精神财富。

张志让，号季隆，字季龙，1893 年 12 月 28 日出生在江苏常州青果巷贞和堂张宅，三年后，中国共产党早期主要领导人之一的瞿秋白就出生在与他家相邻的天香楼。

张家当时是本地的名门望族，张志让的父亲名叫张赞宸，号韶甄，曾任湖北候补道，后经湖广总督张之洞奏派，任萍乡煤矿总办，兼汉阳铁厂总办。在张志让小时，他家中聘请中、英文两种语言的老师为他授课，所以，他受到了良好的教育。

古人云："在上有立德，其次立功，其次有立言，虽久不废，此之谓不朽。"少年时代，张志酷爱文学创作，特别擅长写诗词，他跟随叔父张采甄、老师陈巢南参加了著名文学团体"南社"的活动。

陈巢南老师对张志让说："南社是一个在中国近现代史上产生过重要影响的资产阶级革命文化团体，1909 成立于苏州，其发起人是柳亚子、高旭和陈去病等人。南社受孙中山先生领导的同盟会的影响，取"操南音，不忘本也"之意，鼓吹资产阶级民主革命，提倡民族气节，反对满清王朝的腐朽统治，为辛亥革命做了非常重要的舆论准备。南社 1909 年 11 月 13 日成立，活动中心在上海。到那里，我们可以结识很多进步人士。"

果然，在南社，从小就对历史、其他社会科学、自然科学、诗词都有很深的造诣的张志让与比他大 6 岁的柳亚子先生等击节悲歌，抒发爱国情怀。那时张志让虽年幼，但他的心和南社是相通的，他立身行事和诗文写作都颇具"好汉"风骨，他当时被柳亚子称为"好汉"。张志让一生一直保持着吟诗填词的爱好，1993 年张志让百年诞辰时，最高人民法院编了一本纪念张志让的文集，其中收录了他解放后直至去世写的部分诗词，约 40 首。

1911 年，18 岁的张志让离开家乡，先后在北京清华学校、上海大同学院、复旦公学读书。1915 年，张志让漂洋过海，留学欧美。先入美国加利福尼亚大学文科学院二年级插班，一年后转入纽约哥伦比亚大学法律系。

张志让这一抉择是有原因的，他说："我在上海求学时，著名法学家王宠惠在复旦授课，曾对学生说：美国大学各社会学科中以法律为最难读，肄业时间最长。我当时就想：若留美，倒要选习这一门最难的学科。"

人家都是知难而退，而张志让却是知难而进，这正显示了张志让"好汉"本色。

1920 年，27 岁的张志让毕业于哥伦比亚大学法律系，又赴德国柏林大学法律系深造。1921 年夏天，张志让风尘仆仆地从海外归来，回到了上海家中，父亲对他说："北洋政府司法总长董康是我们常州人，又是我的好友，他知道你学成归来，邀请你任司法部参事。"

就这样，张志让只是在上海家中做了短暂的休整，就立即应司法部之邀，北上就业了。当时正处于北洋政府的军阀统治时期，张志让被邀请担任司法部参事，又被聘为大理院"推事"，"推事"是清代官职名称。清末改革司法，大理院及各级审判厅都设推事，担任审理案件之职。大理院推事正五品,京师高等审判厅推事从五品,外省正六品。可见,张志让如此年轻就获得如此职位,在人们眼里,风华正茂的他算得上踌躇满志了。

从那个时候起,张志让开始发表学术论文,引起了法学界人士的注目。他的论著,将所学转化为所用:根柢宪法和法律的规定,阐明我国国体是联邦制;论证我国收回旅顺大连的法律依据;他研究比较法学,分别介绍英、德、法、捷、美、瑞典等国司法制度的特点,撰写的法学论文,既介绍了世界各国法律和新潮流,又联系了中国现实存在的法制问题。

1926 年初秋,当北伐军攻克武汉、收复英租界的消息传来后,张志让毅然决定弃官南下,于 1927 年 3 月来到了武汉。在这里,他找到了中国共产党早期的重要领导人之一的堂弟张太雷。张志让比张太雷大 6 岁,他们从小一道在家塾中读书,长大后虽各奔东西,然而童年的友情是终生难忘的。一番倾心长谈后,让张志让觉得进入了一个政治上的新世界。经张太雷推荐,他进入武汉革命政府最高法院工作,承办民事案件。这期间,他开始研读马克思主义著作。

1927 年反革命政变后,武汉最高法院结束,张志让拒绝去南京政府供职,决定回上海从事职业律师工作。在回上海前,张志让前往南湖看望堂弟张太雷,当时张太雷正与外国朋友谈话,见到张志让便立即下楼,交谈片刻,彼此互道珍重就依依分手。谁知这次见面,竟成了永别,这年 10 月,张太雷在参加领导广州起义中壮烈牺牲。

张太雷是中国共产主义青年团的创始人之一和青年运动的卓越领导人,是广州起义的主要领导人,是第一个被派往共产国际工作的中国共产党的使者,也是中国社会主义青年团最早派往青年共产国际的使者之一,与瞿秋白、恽代英一起被称为"常州三杰"。他的壮烈牺牲,更加激起了张志让忧国忧民的情怀,他说:"自鸦片战争以来,积弱贫穷的中华民族饱受列强蹂躏,我们脚下的大好河山也被侵略者片片撕裂吞噬,我要用所学到的知识为武器,捍卫国家的尊严,保卫国土的完整,并积极探求国家振兴之路,为民主与法制不遗余力地呐喊。"

就这样,张志让投身反帝反封建的大革命洪流,从此成为一名热诚的

我的未来不是梦

为了公平正义比太阳还要有光辉

爱国民主志士。他回到上海后,于1928年3月加入上海律师公会,先后在南京路大陆商场、北京路盐业大楼开设律师事务所,开始了律师职业生涯。

张志让作为律师刚正不阿,他一次次出庭为共产党人和民主人士辩护,特别是1936年11月23日凌晨,国民党政府下令逮捕了救国会七位负责人:沈钧儒、李公朴、沙千里、史良、王造时、章乃器、邹韬奋,造成轰动社会的"七君子"冤狱。张志让知道后,慨然应允与张耀曾、江庸等20名律师一起,为"七君子"出庭辩护,国民政府于1937年7月31日释放了这七位爱国领袖。

张志让作为律师,伸张了爱国无罪、"国家兴亡,匹夫有责"。抨击了国民党反动统治的黑暗,维护了人间正义,弘扬了爱国精神,

中华人民共和国成立后,张志让出任新中国第一任大法官,并任复旦大学校务委员会主任委员,法学院教授,曾出席中国人民政治协商会议第一届全体会议,被选为第一、二、三、四届全国人民代表大会代表,历任中国人民政治协商会议第五届全国委员会常务委员,第二、三届全国人民代表大会法案委员会委员,政务院政治法律委员会委员、法制委员会委员,最高人民法院副院长、中国政治法律学会副会长等职,对法学研究和审判工作做出了积极的贡献。

逐梦箴言

他在少年时就初露锋芒是英雄"好汉",一心立志立德想报效国家;他作为法官忧国忧民,名扬天下;无论是在个人品格,还是在法学知识方面,他在人们心目中的地位是崇高的,他是公平、正义的象征,他享有公平和正直的最高声誉,他从法学领域内众多有公认资格的人士中脱颖而出,成了新中国第一任大法官。

知识链接

律师事务所

律师事务所是律师执行职务进行业务活动的工作机构。律师事务所在组织上受司法行政机关和律师协会的监督和管理。它在规定的专业活动范围内,接受中外当事人的委托,提供各种法律服务;负责具体分配和指导所属律师的业务工作;根据需要,经司法部批准,可设立专业性的律师事务所,有条件的律师事务所可按专业分工的原则在内部设置若干业务组。律师事务所原则上设在县、市、市辖区,各律师事务所之间没有隶属关系。

辩护

辩护意思有站在某一方,提出理由或事实为其辩解和在法庭上否定原告申诉的正确性等。我国的辩护分有自行、委托、指定三种方式。是指在法庭上否定原告申诉的正确性,或者法院审判案件时被告人为自己申辩或辩护人为被告人申辩。

我的未来不是梦

■ 著名宪法学家肖蔚云

　　法学院是培养法官的摇篮，北京大学法律系肖蔚云教授就是专为法官写教材的法学家，他一生虽然没有一次真正在法庭上做法官，但是他一生都在做着与"法"有关的伟大事业，他曾说："做人要对得起国家、对得起社会、对得起自己。回头看看，能说一句此生无愧。"

　　是啊，他一生致力于宪法研究与教学，是我国社会主义宪法学的奠基人之一。他坚持马克思主义，强调理论与实践相结合，在宪法学的研究领域辛勤耕耘 50 余年，为中国社会主义宪法学的发展奉献了毕生精力，他做到了此生无愧。

　　肖蔚云，1924 年 10 月 1 日出生于湖南省祁阳县。小学毕业后入学私塾，学习四书五经等一些当时学生必读的书籍，更深层次接受传统文化教育。上中学后，他接触到中国新文化运动的发起人、中国文化启蒙运动的先驱、五四运动的总司令、中国共产主义运动的先行者、中国共产党创始人和早期领导人之一陈独秀主编的《新青年》杂志，还从朱光潜和钱端升等著名学者的文章里，开始接受民主和科学精神的熏陶。

　　1944 年，肖蔚云被岳云中学保送到西南联大文学院历史学专业，当时正是抗日战争时期，正值日寇发动湘桂战役，攻占湖南，使他无法按期入学。

　　3 年后，23 岁的肖蔚云得知北京大学在北平恢复招生，他参加了考试，并以优异的考试成绩被录取。他怀着读书救国的理想，从湖南出发先到上海，然后坐轮船到天津，辗转之后终于在这一年的秋天成了一名北京大学法律系的学生,从此他与北京大学与法学结下了相伴一生的情缘。

肖蔚云在北京大学读书时,积极参加进步学生运动,为争取民主、自由和解放而斗争,1949 年五四青年节之际,他光荣地加入中国共产党。为纪念五四运动 30 周年,他担任北京大学纪念五四筹委会常务干事,负责起草了给毛泽东主席的邀请信,很快收到毛泽东的亲笔回信和"庆祝北大的进步"的贺辞。毛泽东主席的关怀和工作作风,使他深受教育和启发,激励他想更好地学好法学为报效国家出力。

1951 年,肖蔚云从北京大学毕业并留校任教,1955 年赴苏联留学,1959 年获前苏联列宁格勒大学国家法副博士,学成回国后,依然在京大学任教。

1982 年,肖蔚云参加了 1982 年宪法的起草。1985 年,肖蔚云任中国宪法学研究会副总干事,香港法起草委员会委员,1988 年任澳门法起草委员会委员,1993 年任香港预委会委员,1996 年任香港筹委会委员,1999 年任澳门基本法委员会委员。他说:"参与香港和澳门的回归工作是千载难逢的机会,是我一生中最光荣、最有意义的事情。"

是啊,见证了新中国法制建设的过程,他对宪法学的贡献、对"一国两制"的贡献是历史性的:他参加香港基本法和澳门基本法的起草和香港澳门回归祖国的筹备工作;他参与了选举法、全国人大组织法和地方组织法等宪法性法律的起草工作;他是改革开放以来中国迈向社会主义民主宪政的见证人和参与者。

制定香港基本法是我国在 1984 年中英联合声明中做出的承诺。1985 年全国人大决定成立香港基本法起草委员会,全国人大常委会公布了起草委员会名单,共有 59 人,其中就有一人是肖蔚云,他被分到政治体制小组,他是该组的负责人,另一个负责人是查良镛。

香港、澳门基本法的制定是一项前无古人的事业,也是一项极富挑战性的工作。他所在的政治体制小组任务很重,争论也较多。为了把各小组和社会种种想法吸收到方案里来,肖蔚云忙前忙后做了大量工作。这里的"大量"是指什么,肖蔚云说:"有立法工作,有商量协调的统战工作,还有处理与英国关系的外交工作。"

我的未来不是梦

由于精心的组织，肖蔚云作为小组负责人，在处理争议问题时所表现出来的原则性和灵活性受到人们的普遍赞誉。由于坚持了原则，"一国两制"的构想在香港基本法的起草过程中得到了全面贯彻。由于坚持了灵活性，香港人的一些意见因此得到尊重。

在澳门基本法起草和筹委会的工作中，肖蔚云仍是政治体制小组的负责人，为澳门基本法的制定和澳门的平稳过渡也做出了贡献。多年来，他一直在研究、宣传港澳基本法，维护港澳基本法的权威。多年从事的港澳基本法工作，给肖蔚云的生活中留下了很深的印记，使港澳基本法成了他生命的一部分。

香港基本法通过后不久，肖蔚云主编的《一国两制与香港基本法律制度》由北京大学出版社出版发行，这是国内第一部"一国两制"法律理论和基本法研究专著。澳门基本法通过后，肖蔚云出版了《一国两制与澳门基本法》。这两本书是肖蔚云多年来研究港澳基本法成果的结晶。

肖蔚云的为人与学识无不受到法律界内外的敬重。全国人大常委会副秘书长乔晓阳说："在人大工作，遇到法律上的问题，有萧老在，我心里就有底。借用《红灯记》里的一句台词：萧老，有您这碗酒垫底，什么样的酒我全能对付！"

肖蔚云一生忠于国家和人民的事业，为人正直、光明磊落。他热爱祖国，对港澳有着深厚的感情。他为中国的法制建设和祖国的统一大业贡献出了全部的精力和智慧。直到晚年，他仍然为港澳繁荣发展辛劳奔波，2005年1月21日，81岁的他在去澳门讲学，因突发急性心肌梗塞抢救无效在澳门逝世。他作为法学领域的杰出代表，不仅因其学术地位影响中国，更因其此生无愧的誓言感人，他践约了自己的誓言，他鞠躬尽瘁，死而后已，他赢得了人们的尊敬。

逐梦箴言

他的著作对中国的宪法理论与实践产生了深刻的影响,为丰富"一国两制"理论和奠定基本法研究的理论基础做出了突出贡献;他治学严谨,在中国宪法学界享有崇高威望;他博学精专,是法学界的泰斗;他的理论造诣深厚,在宪法修改等实际中完美结合,他维宪护法为国为民的工作中,承担起了中国宪法学中兴之大任。

知识链接

宪法

宪法是国家的根本大法,是特定社会政治经济和思想文化条件综合作用的产物,它集中反映各种政治力量的实际对比关系,确认革命胜利成果和现实的民主政治,规定国家的根本任务和根本制度,即社会制度、国家制度的原则和国家政权的组织以及公民的基本权利义务等内容。国家内部政治力量的对比关系的变化对宪法的发展变化起着直接作用,同时国际关系也对宪法发展趋势有所影响。

宪法学

宪法学是以宪法为研究对象的一门科学,是法学的分支学科。宪法学的研究对象包括宪法的理论、宪法的产生和发展、宪法的实施、国家的性质和形式、国家政权的组织及其根本制度、公民的基本权利和基本义务。

我的未来不是梦

■ 公正司法的新型法官宋鱼水

由传统法官转变成"新型法官"是法官发展的需要，是时代的需要。北京市海淀区人民法院知识产权庭庭长宋鱼水，是"中国法官十杰"、"全国模范法官"、"全国三八红旗手"、"全国五一劳动奖章"获得者，是一个努力追求"胜败皆服"的法官，更是公正司法的新型法官代表人物、领军人物。

宋鱼水 1966 年 3 月出生在山东省蓬莱市一个小山村，作为家里的长女，她被父亲取名"鱼水"，为什么叫这个名字呢？父亲没有对她讲过多的含义。

在她 5 岁时，在小山村的小河边和小朋友一起玩捉鱼，突然一个大一点的孩子对他们说："千万不要去碰那两条游得很近的小鱼，因为他们在做鱼水之欢。"

"鱼水之欢"究竟是什么意思，宋鱼水并不懂得，她只是觉得自己叫了这个名字很土气。于是她就对爸爸说："我特别不喜欢这个名字，你再给我起个名字吧。"

而爸爸没有答应她的要求，或许是因为已报了户口，或许是因为爸爸给她取这个名字有特殊的意义吧。

几年后，宋鱼水上学后的一天，她高兴地对爸爸说："我才明白你为什么要给我起这个名字，长大后我一定在做一个君臣相得，与百姓亲密无间有着军民鱼水情深的人……"

在宋鱼水 11 岁时，母亲突然病魔缠身瘫痪在床，父亲每天要照顾母亲。

宋鱼水作为长女，从那时起便承担起照顾家庭的重任。她每天一大早起床，给弟弟们做早饭，然后去学校跑步、学习，上完课后，要上山打柴，到山脚下挑水上山浇菜园……从那时起，宋鱼水便养成了吃苦耐劳的性格。母亲的病给家庭带来的打击，使她对爱的需求也更加强烈，对家庭对社会的责任感更是不断在增强。

她说："不知道什么是'累'，小时候下雪天便拿着小铁锹，铲着雪走到学校，一路上仍然开心快乐。"如今回想起童年的生活，宋鱼水仍然说自己的童年很幸福，农村和大自然的感觉给她的记忆里留下了很多美好回忆。

但是作为一个自小从农家长大的孩子，宋鱼水从小就在从生产队的分柴、分粮中感受到公平、合理是老百姓最朴实的需要。她曾说："要是有个包拯式的人来给老百姓排解纷争就好了。"也许就是这种成长的经历，奠定了宋鱼水学法、公正执法的坚实基石。

1989 年，23 岁的宋鱼水以优异的成绩，结束了中国人民大学法律系 4 年本科学习，分配到了海淀法院经济庭。后来，又取得了法学学士学位，法律硕士学位，她成了一名法官，她用行动赋予名字"鱼水"更多的文化内涵，她这个特别的名字，拉近了与当事人的距离。她说："我自己在农村的生活经历，成为人生中的巨大财富，让我能够体会社会底层人群的生活状态和追求公平的迫切愿望。对待不同的事情不同的人，自己总能站在对方的角度上去考虑问题，更多一些宽容与理解。"

宋鱼水办理的第一个案子是为一个外地民工向一家被转让的饭馆讨要卖蔬菜的钱，而该饭馆蛮横地将民工推出门外，宋鱼水理直气壮地要求接手老板还钱，正义让她无所畏惧，在办理这个案子时，她多次化险为夷，案件顺利结案后，那位民工捧着薄薄一沓钞票痛哭流涕，因为他重病的妻子和上学的孩子都在等着用钱……

法官判案难，判经济纠纷案、知识产权案更难，而让当事人"胜败皆服"则是难上加难。但是这种观念被宋鱼水用实际行动证明了，她作为法官，在一架公正的天平上，始终视人民的利益高于一切，忠于法律，公正办案。在 11 年时间里，宋鱼水在经济庭里办的案件不仅数量多，而且质量也高，

我的未来不是梦

成为了令人叹服的办案能手。她共审理各类民商事案件 1200 余件，其中 300 余件属于疑难、复杂、新类型案件，调解率达 70%。经她审理的案件没有一件裁判不公，没有一件被投诉或者被举报。

代理人服的是判决结果的公平，是审理过程的公正。宋鱼水说："作为法官，我非常在意当事人的喜怒哀乐，在意他们对审判工作的评价。我常常反思，当事人从见到我第一面，直到拿着判决书离开法院时，他们是否感觉到了公正？这个问题常常让我辗转反侧。"

天平，是人民法院院徽上的主要标志，其意不言自明：法官审理案件，应像天平一样保持公平、公正。用老百姓的话说，就是一碗水要端平。宋鱼水知道这架天平的含义，知道头顶上国徽的分量。当人们将最后希望的目光投向法院的大门时，他们所渴求的就是这一碗水要端平，无论自己最后是赢了，还是输了。

宋鱼水说："法官的职责就在于确定一个法律标准。要让当事人明白参照这个标准，哪一方是正确的，哪一方是错误的。法律标准是原则，是底线，谁也没有权力去超越这个标准。"可是，法官也不是生活在真空里，每一个法官在办案中免不了会遇到各种各样的人情、关系。于是人情案、关系案一度困扰了法院系统，在一定程度上影响了法院和法官的形象。宋鱼水也遇到过人情，但她不办人情案。

作为一名法官，宋鱼水考虑的是案件双方当事人的利益，注重的是案件审理后的社会效果。她肩担正义的天平，一心为民的情怀，以及对国家与社会的责任感激励着她做一名勤勉与正直的法官。她深知站在法院神圣的殿堂里，我代表的是人民的利益，"公正执法，清政为民，最大限度的化解社会矛盾，使当事人和旁听者对政府、对社会充满信心，为构建和谐社会而不懈努力"是一名法官的职责。

宋鱼水站在一个公正的角度，站在百姓的角度，站在当事人的角度来做事情，审案件。宋鱼水认为：法律是公正和善良的艺术。唯有如此，才能让当事人接近你，与你沟通，接受你的观点。"能坐下来，能听进去"，"宽容、理解、耐心和尊重"是宋鱼水在审判实践中练就的职业品格。

"在茫茫的人海里,你就是茫茫的人海。"这是海淀法院执行庭王冲同志在一首诗中写到的对宋鱼水法官的真实感受。的确,宋鱼水自己也这样说:"我是一个普通人,我只想成为普通人的骄傲。"

是啊,她一个普通的女人,她孝顺父母,更疼爱自己的儿子。她说:"也许是法官这个职业本身就要求要学会在各种矛盾中寻找平衡,在家庭生活和子女教育问题上,协调各种矛盾,积极通过各种机会和方式补偿自己对家庭应尽的责任,维持自己既是妻子、母亲、女儿,又是法官、庭长的多种角色责任。因为家庭是社会的细胞,家庭和谐是构成社会和谐的基础。"

几年来,宋鱼水先后荣立一等功两次、二等功两次,分别被最高法院和全国妇联授予"十大杰出青年法官"、"人民满意的好法官"和"十行百佳"妇女、"全国三八红旗手"等荣誉称号;被最高法院和北京市政法委分别授予"全国模范法官"、"中国法官十杰"和"人民满意的政法干警标兵"荣誉称号,并荣获全国"五一劳动奖章"。

宋鱼水在《中国法院网》做客时,一位网友问她:"作为一名女法官,你是否要做出更大的牺牲?"宋鱼水说:"任何人为了他所爱的事业都必须心甘情愿地付出,作为一名女法官,可能意味着更多的付出……我就是一个普通人,首先作为一个个体,我有自己的兴趣、爱好,同时我又是一个社会中的人,有义务来承担一点社会的责任。我很快乐,因为我找到了自己的价值,一直在从事自己热爱的工作——当一名法官。"

逐梦箴言

少年时她是懂事能干的女儿,长大后成为胸怀远大抱负的女强人;她身怀公正之心,在人情和同情面前她丝毫不为所动,在困难面前又不畏艰险,她作为法官身处化解社会矛盾的前沿,她用实际案例让百姓对法律有了全新的理解;人民需要像她这样的法官,时代也需要像她这样的共产党员,她不愧被称为公正司法的新型法官。

我的未来不是梦

知识链接

知识产权

知识产权,指"权利人对其所创作的智力劳动成果所享有的专有权利",一般只在有限时间期内有效。各种智力创造比如发明、文学和艺术作品,以及在商业中使用的标识、名称、图像以及外观设计,都可被认为是某一个人或组织所拥有的知识产权。

调解

调解是指双方或多方当事人就争议的实体权利、义务,在人民法院、人民调解委员会及有关组织主持下,自愿进行协商,通过教育疏导,促成各方达成协议、解决纠纷的办法。

● 智慧心语 ●

在世界各主要文明中,中国是距离法治最为遥远的一种,甚至与欧洲形成了两极相对的反差。

——滋贺秀兰

法律显示了国家几个世纪以来发展的故事,它不能被视为仅仅是数学课本中的定律及推算方式。

——霍姆斯

宪法创制者给我们的是一个罗盘,而不是一张蓝图。

——波斯纳

法律提供保护以对抗专断,它给人们以一种安全感和可靠感,并使人们不致在未来处于不祥的黑暗之中。

——布鲁纳

民众对权利和审判的漠不关心的态度对法律来说,是一个坏兆头。

——庞德

第六章

满怀希望 迎接未来

○导读○

　　希望是寒冬对春的一种向往，冬天已经来了，春天还会很远吗？希望是永不沉眠的梦，是心中最真切的幻想、盼望、期望和愿望；希望是一只美丽的风车，把所有的快乐、幸福、健康转进来，把所有的烦恼、痛苦、灾难转没了；希望是一辈子的力量，是人生的本质、是成功的先决条件——

■ 新中国最早的女法官费路路

代表公平正义的女神，常被矗立于最高法院的门口，一手持正义之剑、一手提公平之秤，以公正的态度衡量，纯洁无瑕，尊贵无比来执掌司法，不论是源于古希腊被称为忒弥斯还是古罗马的朱斯提提亚，她都毋庸置疑的是一位女性。

在传统观念中，法官这个"头衔"似乎与柔美的女性形象相去甚远。中国的司法官形象，是包公的铁面无私、严肃威武的男子形象。这种对法官性别观念的产生，是因为中西方司法文化的不同，是基于历史、文化的差异和人们对自由、权利有不同认识。为什么西方法官是女性，或许是因为一个成熟的女性作为法官，会有一种潜移默化的功能，会让司法因此带有一点温情，让人多一份可以亲近的感觉，能更好地彰显法律的公平与正义。

随着历史的发展，司法观念的现代化，人们心目中的司法面貌也发生着变化。中国历史上第一位女法官费路路，就是在新中国成立之后，担任了天津市高级人民法院的审判员，成为新中国人民法院最早的一位女法官。

费路路，1913 年 4 月 20 日出生在北京总部胡同一号院里一个高贵的家庭，她的父亲名叫费起鹤，虽出身于贫苦农家，但是靠勤奋努力在教会学校学业有成，后来与国民党政府政要孔祥熙一同去美国留学，在耶鲁大学获教育专业硕士学位后，回国从事教育事业。

费路路作为家里第二个女儿降生了，在她出生的一刹那，父母听到了她洪亮的婴儿啼哭声，为她接生医生更是惊奇地说："你看，这个女孩儿是

睁着眼睛来到人世间的，你们再看，她眉心有一颗观音痣。"

费路路的父亲看了一眼刚出生就将眼睛睁得大大的婴儿说："我突然想到了她的名字，就叫路路吧！"父亲慧眼识才，他相信这个女儿长大以后一定能成为栋梁之材。

因为费路路出生在富裕的家庭里，她的名字常常被"费二小姐"代替了。但是这个二小姐，却是一个天生美丽高贵，且富有爱心的女孩子。

费路路从小受到良好的教育，父亲教她弹钢琴、学英语。她7岁时成了王府井小学的一名学生。她不仅长得俊秀，而且聪明好学。1925年5月30日，震惊中外的五卅运动在上海爆发，上海日商纱厂日本资本家枪杀中国工人顾正红酿成惨案，中国人民义愤填膺。正在读五年级12岁的费路路对同学们："我们更应该深明大义，要为同胞募集捐款。"她和另外8名同学，高举着"打倒日英列强，援助南方同胞，不买日英货物，不用英日钞票"的三角小旗，到大前门喊口号，很多市民为之感动，他们收到了很多捐款。

后来，费路路又听说江南数省遭受水灾，百万灾民生死未卜，瘟疫四处蔓延，她积极参加赈灾义演，她扮演杨贵妃，演唱以花鼓为主，吸收评剧、京剧、梆子等剧种的四平调，她用一曲四平调唱红了京城。当时，京城演艺界流行的《安琪儿》画报还刻意将一张费路路的玉照做封面刊印，一时间，费路路几乎成了当时京城家喻户晓的美神。

费路路小学毕业后，升入著名的贝满女子中学，再升入北平女子高中，与民国时期著名军阀、军事家、爱国将领、著名民主人士冯玉祥的女儿共住一室。北平女子高中是传教士开办的，强调英语学习。而这时的费路路已将《欧亨利故事选》译出发表，显示了她超强的外语水平，赢得全校师生的刮目相看。

高中毕业后，由于她在表演上特别有天赋，好朋友想出资帮助她在电影界拍片，让她走好演艺这条路，费路路婉言谢绝了友人好意。那时候，很多才女都在做一个相同的梦，就是进新闻圈当个名记者，可费路路却说："在我心中，对刚正不阿的包青天充满了崇敬。我觉得只有清正廉明的法官才能铲除人间的不平。基于这种思想，我决定报考燕京大学法商学院法律专业的函授生。"

　　就这样，费路路选择了一边工作一边参加函授学习，她白天到协和医学院社会部上班，晚上在灯下攻读法律专业课程。她有志于学好法律，她想用自己的学识，帮助因法律事务所困扰的不幸者。她庄严声明："是社会对我作出选择，是法律这一神圣的天职选择了我。"

　　学成后，费路路调任天津市高级人民法院担任审判员。第一次参加开庭审案那天，费路路身着军便服，坐在审判长的席位上。无数双眼睛注视她，表情上，她从容若定，慈眉善目里透着威严；辩论中，她才思敏捷，能言善辩，显示了新中国人民法官的公正、廉洁、圣明和庄严。

　　1957年春季，已调入北京高级人民法院工作的费路路在会议上发言，语气诚恳而凝重。可是那个年代，施阴谋的人最后把她的发言只归纳为22个字："法律面前人人平等，不能以党代政，外行不能领导内行。"就这22个字，招致而来的是无休无止的批斗、围攻。费路路被剥夺了一切工作权利，每天只有反省……直到1979年的1月27日，费路路才收到平反决定，而那时她已经66岁了。

　　平反后，费路路担任了北京市高级人民法院办公室顾问，又被增补为北京市政协常委，她紧紧地握着老伴的手说："老骥伏枥，志在千里，烈士暮年，壮心不已。我们唯有加倍工作，方能追回失去的年华，责任和使命感能赐给我们鹤发童颜不老心，亲爱的，你我前程远大呢！"

　　费路路向北京市政协五届二次会议，提交了316号提案，"建议北京市委考虑，取消关于非党干部不能担任法院审判员的内部决定"。这一提案经主管部门研究予以采纳。当时的最高人民法院院长江华对这一提案也表示支持。《北京晚报》随即刊发消息，报上的篇幅不大，在社会上却引起了强烈反响。这表明了改革开放和法制建设将广开才路。这一提案的通过，使费路路更加深信党的实事求是的光荣传统在新的历史条件下的发扬光大，更加珍视人民赋予给她的权利。

　　后来，费路路广泛地深入社会调查，把青少年犯罪这一课题纳入自己工作日程中来。她深入到工读学校和少年管教所，亲自与童心泯灭的失足青少年谈话。为了把爱心弘扬，费路路播发"爱的呼吁"，倡导创建中华费

我的未来不是梦

路路爱心基金会,筹建中国第一个"爱心之家"。费路路本人虽然未曾亲身经历生产分娩痛苦,却孕育了世界上儿女最多的第一家族——爱心之家。她没有一个亲生的儿女,却被千百个失足儿女深情地呼唤为"妈妈"。

费路路是新中国人民法院最早的一位女法官,她更是中华母亲的楷模,她是东方的圣母玛利亚,她是中国女性的护法神,民众赞颂她为"女包青天"。

逐梦箴言

她如幽谷名花雍容高贵,她才貌双佳天生丽质,她有一颗水晶般纯洁的心灵;她作为新中国人民法院最早的一位女法官,用一柄无比犀利的正义之剑惩治罪恶;她明察秋毫,秉公执法,业绩斐然;她有博大爱心,关爱失足青年,筹建中国第一个"爱心之家",她把慈母情洒遍人间;她传奇的人生是一部史诗,她是中华民族圣洁女性的典范和楷模。

知识链接

正义女神

正义女神,古罗马代表公平正义的女神是作为法律基础的公正道德的象征。文艺复兴以来正义女神通常被描述为一名裸露胸膛的妇女,手持剑与天平,有时戴有眼罩。现今经常出现于法院的其肖像是由古希腊及古罗马代表正义的女神堤喀及福尔图娜的形象混合而成。

青少年犯罪

青少年犯罪主要是依据人的生理年龄所作的犯罪类别划分。在我国有关的法律文件中,对"青少年"的概念未予明确的界定。就其词义而言,"青少年"即指青年与少年的合称,"青年"是指人从十五六岁到三十岁左右的年龄段,"少年"指人从十岁左右到十五六岁的年龄段。理论界对青少年犯罪的概念有狭义和广义之分。

贫民妈妈培养出的美国
著名大法官索托马约尔

2009 年 5 月 26 日,美国总统奥巴马提名索托马约尔作为联邦最高法院大法官的人选后,参院司法委员会在对索托马约尔的听证中对她进行了严厉的"拷问"。最终因民主党在参院的优势,结果以 68 票对 31 票通过了她的任命。索托马约尔成了美国最高法院的第一位西裔法官,也是第三位女性联邦大法官。

美国联邦政府向来倾向由富裕阶层、白人和男性掌控。但是索托马约尔作为贫民家庭出生的女性,却获得重任。专家认为,法院要有更多的女性、不同族裔和不同宗教的人才进入。

美国国家杂志的评论说:"西裔的索托马约尔成为最高法院大法官,不仅代表一个族裔,也是全美国的进步,无怪乎奥巴马称这项结果让美国向更臻完美的团结迈进一步。"

索托马约尔 1954 年出生在一个贫穷的移民家庭, 她的父母在二战时从波多黎各移民来到美国。她从小在纽约最贫穷的布朗克斯区长大,她的童年时代是在一个由政府提供的低收入者住房中度过的,她们一家人历经了各种生活的磨难。

在索托马约尔 8 岁的时候,就罹患了幼年型糖尿病,需要靠注射胰岛素来控制病情。灾难接踵而来,在她 9 岁那年,她的父亲又去世了,所以说她是由贫民妈妈一手抚养长大的。她说:"我们小时,母亲在戒毒诊所做护

士工作,每周要工作六天,辛苦供养我和弟弟上学。作为单亲妈妈,家里家外她都要管,母亲一个人养家不容易,那时生活很艰难,家里的晚餐常常是米饭加一盘豆子。"

可就在这种情况下,索托马约尔的母亲却非常重视两个孩子,想办法把她和弟弟送进一所教会学校,还买下了社区内仅有的一套百科全书。

小时候,索托马约尔最爱看系列侦探剧《南希·德鲁》,她说:"我渴望长大以后成为像剧中少女神探那样的警探。"

可是自从她患有儿童糖尿病后医生劝她打消做警察的念头。可是不久,她的崇拜转移到另一系列法制剧《佩里·梅森》上面,她说:"我发誓将来要当法官,我发现,法官是那间屋子里有最重要的角色的人。"

就这样,40多年前,在纽约贫民窟的女童索托马约尔却有一个大大的女法官梦想。后来,虽然在种族歧视时代,索托马约尔作为有色人种,属于被歧视范围之内,但是她这名拉美裔女子却真正叩响了美国最高法院殿堂之门。

索托马约尔从布朗克斯区的天主教会高中毕业后,1976年,22岁的索托马约尔考入名校普林斯顿大学,迈出了改变人生的重要一步。她说:"从布朗克斯踏进普林斯顿校园,我当时感觉自己降落在异国他乡了。头一年,我甚至不敢在课堂上举手发言,我又胆小,又别扭,不敢提出问题。"

不过,第二年情况渐渐好转,她开始担任《耶鲁法律杂志》月刊编辑。后来,索托马约尔以当届普林斯顿大学"最优等生"的荣誉毕业。

1979年,索托马约尔取得了耶鲁大学法学博士学位,进入纽约曼哈顿地区检察官办公室工作,开始接手一些私人法律事务。1992年,她迎来人生另一重大转机,她成了纽约南区法院的一名法官,实现了她作为一名法官的梦想。

那时,索托马约尔只是一名普通的法官,离她的"大法官"还有很大的一段距离。不过,她做梦也没有想到一起"棒球判决"案,让她成了名法官。原来,1995年,美国职业棒球联赛因球员罢赛一度濒临瓦解,球员和球队老板最终把官司打到联邦地区法院。作为主审法官,她本人是狂热的棒球迷,她做出了有利于球员的判决,敦促球队老板与球员们达成新的劳动协议,

从而挽救了美国职业棒球业。这一判决下来后,美国棒球界和部分媒体对索托马约尔充满溢美之词,甚至称她是职业棒球历史上最辉煌的名人,她也因此桩案子的判决成为名人。索托马约尔则借用棒球术语描绘了这一关键判决。"当你看到外场手后退到场边跳起时,这一刻时间暂时凝固了,你得最终判断出这是一记本垒打、二垒安打、一垒安打或是出界。"

关于法官的性别和民族对其工作有影响,索托马约尔说:"我认为一名拥有丰富生活经验的明智拉美裔女性,作出的好决定会比没有这些经验的白人男性更多。"从她这话可以看出,她似乎相信自己的地位并不局限于在法律的天平上客观地判断胜负,而是根据她自己的意见决定谁赢得官司,因为她心中有一杆公平正义的秤。她说:"法官的职责不是制定法律,而是运用法律。我相信,我在两个法院的记录清楚地反映了我对宪法的阐释是严格根据宪法条文的……在我接手的每个案子里,我都根据已知的事实运用法律。"

美国总统奥巴马说他想要一名"平易近人"的最高法院大法官提名人选。而索托马约尔正符合奥巴马"平易近人"的要求。2009年,55岁的索托马约尔以优异的学术资历、多年的联邦法官经验和史无前例的少数族裔女性的身份,获得15年来第一个由民主党提名的最高法院大法官提名。

2009年5月26日,奥巴马提名索托马约尔为最高法院大法官人选时,邀请她的弟弟一家人到场。索托马约尔致词时,提及已故世的母亲,一度哽咽……

奥巴马的民主党同盟大力宣传索托马约尔在纽约布朗克斯区谦卑的成长经历,宣传她在普林斯顿和耶鲁的优异的学习成绩,肯定她17年的联邦法官经验,认为她比现任的任何一名最高法院大法官都长。"她的成功故事是所有美国人都可以引以为自豪的。"

奥巴马在公布提名人选时说:"期待索托马约尔不仅给最高法院带来多年法律生涯积累的经验和知识,还带来多彩人生旅程中汲取的智慧。"

事实上,公正地对待索托马约尔,也就是在公正地对待美国人民。索托马约尔的上任极大地鼓舞拉丁裔人,这不仅是美国4 000多万拉美裔的

荣耀时刻,也是验证一名寒门女子个人奋斗的最佳注脚,索托马约尔终于成了从美国贫民窟走出的著名大法官。

逐梦箴言

她有着传奇般的成长历程,从贫民住宅区的童年时代一路奋斗,她的成长过程让许多美国人赞叹,这是一个灰姑娘的现代版故事。这是一个母亲为子女做出无限奉献的实例,这是一个生活在贫穷家庭的女儿不断奋斗的感人经历,她圆了无数人一个共同的"美国梦",成为美国第一个拉丁裔的最高法院大法官。

知识链接

种族歧视

种族歧视在古代即已存在,但其现代形式是从资本原始积累时期开始的,至今,在世界上若干地区仍存在种族歧视现象。这种现象是由反动统治阶级采取立法、行政和其他措施,鼓吹和散布种族优越和种族仇恨学说等造成的。种族歧视是对人类尊严的凌辱,受到了国际舆论和国际组织的一再谴责。1973年11月30日,联合国通过《禁止并惩治种族隔离罪行国际公约》,再次明确宣布,凡犯有种族隔离行为的组织、机构或个人,即为犯罪,应负国际罪责。

有色人种

有色人种也称"种族",是在体质形态上具有某些共同遗传特征(如肤色、发色、发型、眼色、头形、鼻形等)的人群,这些特征是在一定的地域内,长期适应自然环境而形成的。四种有色人种是:白色、黑色、黄色、棕色。有色人种一般被西方种族主义者定义为白种人以外的人种,是一种极端的种族主义观点,因为白色也是一种颜色,世界上所有人的肤色都是有色的。

美国现代社会变革中的
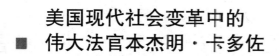
伟大法官本杰明·卡多佐

他是西班牙和葡萄牙的犹太人的后裔,在哥伦比亚大学毕业后,又在哥伦比亚法学院攻读两年。1891年,在他还未等到取得法学学位时就获得了律师资格,他42岁时任纽约州立法院法官,62岁时作为最高法院奥利弗·温德尔·霍姆斯法官的继任人进入联邦法院。他工作出色,被称为"律师的律师",被列入具有自由主义思想倾向的大法官,他的名字叫本杰明·卡多佐。

本杰明·卡多佐1870年5月24日出生在纽约市的一个显赫的犹太人家庭,犹太人信仰犹太教,犹太教是世界三大信仰中最早而且最古老的宗教,也是犹太民族的生活方式及信仰。从小,本杰明·卡多佐就是个聪明好学的孩子,在家人的潜移默化的熏陶中,他小时候就能讲出犹太教最重要的教义:"在于只有一位神,即无形并且永恒的上帝。他愿所有的人,行公义,好怜悯,因为上帝按照他的形象造人,所以人都应该有尊严且受到尊敬地对待。"

其实,犹太人的宗教是一种文化,包括犹太文明历史、社会政治维度,在接受犹太教的过程中,本杰明·卡多佐学到的知识越来越丰富了,他说:"犹太人是世界上最聪明的民族,他们的智慧是神奇的,并且举世绝伦。在常年的漂泊流浪中,在从未有过的大迁徙中,是苦难和艰辛、饥饿和折磨、杀戮和欺侮……一切的不幸迫使犹太民族不得不用智慧去生存,去获取一

我的未来不是梦

口果腹的饭、一丝遮体的衣。犹太人智慧的诞生是被迫的,是在屈辱中诞生的,但是犹太人的智慧无所不在,从自然科学、社会科学到文学、艺术等等,一切的人类历史都印有犹太人的足迹。"在这种观念的激励下,本杰明·卡多佐学习更加刻苦努力了。

1885 年,15 岁的本杰明·卡多佐就考上了大学,比同龄的孩子要早好几年,这与遗传了犹太人智慧的血统有关,更与他的勤奋努力是分不开的。

本杰明·卡多佐在哥伦比亚大学毕业后,于 1889 年考入该校的法学院,两年后毕业,开始从业做了一名职业律师,从此走上了一条与法有关的道路。

1913 年,本杰明·卡多佐作为改革派的候选人担任纽约州法院的法官,他的很多判决对发展侵权法方面都起到了重大作用。

在卡多佐担任纽约州最高法庭助理法官和首席法官的 18 年里,他取得了非常辉煌的成绩,使这个法庭成为很可能是全美各州法庭中最繁忙、最有名的受理上诉的州法庭。许多人认为上诉法院的地位超过美国最高法院。实际工作中,本杰明·卡多佐影响了美国上诉审判趋向于更多地与公共政策相结合,和随之而来的法律理论的现代化。

本杰明·卡多佐也是个有创造性的普通法法官和法律论说家。他在言词中体现了对现代问题与众不同的观点以及巧妙的表达风格,他对侵权行为、契约、刑事等各种主题持有自己的见解,他希望通过自己的努力,使法律能适应工业技术进展时期社会中人民的需求,在处理"麦克弗森诉别克汽车公司"一案中,就很好地表达了他这一处理问题的方式。

其实,早在 1920 年代时,本杰明·卡多佐就多次被邀请到各地进行学术讲座,参与创建了美国法律协会。出版了《论司法过程的性质》一书,该书非常畅销,对法学的发展影响也颇为深远,使他成为闻名的法官和焦点人物,甚至有机会成为美国联邦最高法院的法官,但因受到威廉·霍华德·塔夫脱总统所支持的人们的反对而与最高法院失之交臂。威廉·霍华德·塔夫脱是美国第 27 位总统,他在总统任期内虽然政绩平平,但一直勤勤恳恳,做了不少工作,如:逐步采取年度预算,建立邮政储蓄体系,鼓励保护自然资

源,大力推行反托拉斯法等。这位总统曾经做过律师、地方检察官、州高级法院法官、司法部副部长、法庭庭长、法学教授、美国第一任菲律宾总督等,所以如果让支持这位总统的人们的反对,那么他的政治生命将受到直接的影响。

直到 1932 年,美国联邦法院的奥利弗·温德尔·霍姆斯法官因年事已高,健康状况不佳提出辞职时,芝加哥大学法学院的全体人员促请胡佛总统提名本杰明·卡多佐。1932 年 2 月 15 日,获得参议院通过,本杰明·卡多佐成了最高法院的第 2 位犹太人大法官。

《纽约时报》评论说:"一项任命受到如此普遍的赞扬,这在最高法院的历史上,即使不是前所未有的,也是极其罕见的。"这种评论是非常公正准确的。

在最高法院任职法官后,虽然本杰明·卡多佐只做了 6 年多的时间,然而他却被评为伟大的法官。因为在那 6 年,是最高法院历史上最激动人心和争端频起的年月,而本杰明·卡多佐做的比那个时期历史所记录的他扮演的角色做得更多,他以立法学家、哲学家、诗人和教师的文笔写出了大量裁决意见,在宪法年鉴和历史上没有一个法官曾经在这样短暂的年月里做出过这样经得起时间考验的贡献。在经济不景气年代,法院意见陷于分裂的情况比比皆是,他屡次为一些政见分歧的盟友发言,为联邦政府和州政府拥有促进经济调整和制订社会福利纲领的权力辩护。

1937 年,本杰明·卡多佐写了一个多数大法官的意见支持社会保险案件。在一个涉及"一事不再理"的刑事案件中,他认为宪法第十四条修正案 1868 年只就"权利法案"中属于一个"有纪律的自由体制的本质"等一些条款保护而不受政府的侵犯,得到认可后,在各州实施。

由于他在法学事业上做出的突出贡献,他被列入具有自由主义思想倾向的大法官,被称作是美国历史上最伟大的法官之一,被公认为全美最聪明的法学家,是社会学法学的代表人物,是为法律而生的司法圣徒。

我的未来不是梦

逐梦箴言

从风华正茂的少年到两鬓斑白的老者,他的人生就像一本宝典,诠释了:生命就是无私奉献,工作必须永远进取,激情在平凡岗位上燃烧,机会的大门永远向有准备的人开启。他淡泊名利,品德清正高洁。对于法学,他不是因那个时代的摩擦才有了激情,而是有着持久不变的宪法精神。

知识链接

犹太人

犹太人,其祖先为希伯来人,是起源于阿拉伯半岛的游牧民族,属于闪米特人的一支,原始血缘上与阿拉伯人相近,主要信仰犹太教。以色列的《回归法》界定犹太人的身份是按母系相传为标准,凡是母亲是犹太人的,其子女都会被以色列承认为犹太人,有权移民以色列。犹太人,是广泛分布于世界各国的一个族群。有白种犹太人,黄种犹太人和黑种犹太人,及印度和拉美的亚肤色的犹太人。

美国联邦法院

美国联邦法院是根据美国宪法和美国法律成立的法院。其中美国宪法只指明要成立最高法院,其余法院由美国国会授权成立。美国的司法权属于联邦法院,法官为终身职位。司法审查权既是对国会的制约,也是对总统的制约,因为国会通过的法律,很多是来自于总统的提案。联邦法院也受到总统和国会的制约,法官要由总统任命,国会参议院批准,国会有权对法官提出弹劾。

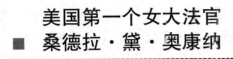

美国第一个女大法官
■ 桑德拉·黛·奥康纳

桑德拉·戴·奥康纳是美国法学家，被总统罗纳德·里根于 1981 年提名为美国最高法院大法官，她是美国首位联邦最高法院女法官，也是美国首位女性最高法院大法官，被《福布斯》杂志选为当今世界上最有权力的女人。

1930 年 3 月 26 日，奥康纳出生于美国德克萨斯州的埃尔帕索，德克萨斯州是美国南方最大的一州，也是全美第二大州。埃尔帕索是德克克萨斯州最西端的边境城市，隔河与墨西哥的华雷斯城相望，那里物产丰富，是疗养和旅游的地方，特别是以拉丁色彩浓厚而著名。

奥康纳的父亲是个农场主，她家在与墨西哥州边界的地方，有一个 648 平方公里大的名叫"Lazy B"的大牧场，牧场里饲养了近 2 000 头牲畜。那里离最近的城镇也有 57 公里，最近的邻居也在 19 公里以外，所以说奥康纳一家住在风景优美的牧场里，虽然过着富有生活，但是他们是孤独寂寞的。

奥康纳的妹妹和弟弟分别出生于 1938 年和 1939 年，也就是说在奥康纳 8 岁之前，她是家里唯一的孩子。由于农场地处偏远，奥康纳儿时更找不到同龄的伙伴，陪伴她的只是父母。有时，奥康纳会缠着父母说："爸爸妈妈，你们陪我玩一会吗。"

母亲看她可怜巴巴的样子，就专门抽出点时间来为她朗读《华尔街日

报》、《洛杉矶时报》、《纽约客》、《星期六晚报》等报刊。可是母亲在牧场里还有很多事情要做,陪伴奥康纳只有农场的工人以及山猫、野猪等野生动物了。

生活在这样一个特殊环境里,让奥康纳在"孤独"中成为一个思维特别丰富的小孩子,她能够利用各种不同的书来找乐子,渐渐的,她不再寂寞了,她从书中找到了一个个"大世界",她的知识丰富了,在自学中她认识了很多字。但是这种"自学"获取知识的渠道毕竟是有限的,在奥康纳5岁的时候,父母把她送到埃尔帕索的雷德福私立女子学校上学,在那里要跟她的祖母玛米·威尔琪住在一起。

在奥康纳8岁时,家里又新增了一个小生命,她的妹妹降生了,在这个时候,奥康纳已经是一个懂事的大孩子了,她不但能帮助父母照看妹妹,还学会了修补栅栏,会像男孩子那样骑马,会使用步枪,更让人刮目相看的是她竟然学会了驾驶大卡车。

从幼儿园到高中,奥康纳上学的时间都是祖母陪伴下度过的。她的祖母是个具有坚强意志的老太太,虽然作为隔代人,但是她教育孩子的方法却特别的先进和有效。祖母常常在开学初对她说:"奥康纳,我的大孙女,我是对你寄予厚望的。这学期我们又将一起度过了。放假时候,我们拿什么向你的父母证明我在这里带着你是非常好的呢,那就是你的健康成长和努力读书……"

在祖母的激励下,奥康纳每学期都能取得优异的成绩回到牧场向父母汇报。

奥康纳16岁高中毕业后,顺利考入了斯坦福大学,并在1950年以优异的成绩获得经济学学位。随后,她又到斯坦福大学法学院学习法律,在那里她成了"优等生协会"的成员,曾和同班同学后来任最高法院首席大法官威廉·哈布斯·伦奎斯特约会,他们之间有一段短暂的恋情。初恋没有成功后,在这所学校里,她又认识了后来的丈夫约翰·杰·奥康纳。

1952年,奥康纳从法学院毕业,在102名学生中,她取得第三名的好成绩。同年,她与约翰·杰·奥康纳结婚,可以说她在求学阶段取得了爱情

和事业的双丰收。后来，她丈夫病重，她一边上班一边照顾病重丈夫的做法让人们钦佩不已，她工作、家庭两不误一度被传为佳话。

毕业后，奥康纳马上开始找工作，她的志向是当一名律师，但由于性别的关系，她无法在法律事务所找到工作，没有办法，只好在同学威廉·哈布斯·伦奎斯的推荐下，找到了第一份工作，她谋到了加利福尼亚州圣马特奥县的副检察长的职位。对于这份工作，奥康纳后来回忆说："它对我此后的生活影响深远，因为从那以后，我才发现，我是多么热衷从事公共服务事业。"

1981年，美国大法官波特·斯德沃特即将退休，总统里根立即吩咐手下物色大法官的人选，特别是女性的人选。

为什么特别强调要女性的人选，因为当时美国的女性法官人数非常少，在将近700位联邦法官中，只有48位是女性，而且许多处于半退休状态。在这个时候，奥康纳已当了5年审判法官，又在亚利桑那上诉法庭当了两年法官，离该州的最高法院的位置还差一级。而联邦最高法院的大法官，一般都是从最有地位、声誉和资历的法官中选拔任命。从一个边远的州的中级法官跳到最高法院大法官的位置的事情，在历史上还没有出现过。奥康纳即使在有限的女性候选人中，资历也不是突出的。

但是奥康纳的政治立场、人脉和运气很快帮助她过了第一关。她是有名的温和保守派，对于一个保守主义的总统来说，奥康纳的政治倾向成全了她。

同时，早在学校与奥康纳有过初恋情结的威廉·哈布斯·伦奎斯特此时已经是首席大法官，已经是最高法院的第二号人物，他向30年前给奥康纳推荐第一份工作一样，再次全力举荐她。再加奥康纳另外一个最大的支持者，是本州的共和党参议员巴里·戈德沃特，这可不是一位普通的议员，他是现代美国保守主义的教祖。1964年他作为共和党候选人竞选总统，输给了约翰逊。但其激进的右翼政治主张，却开启了里根主义、布什主义的先河。里根就是在为他竞选时登上了全国政治舞台。老布什也把他的书推荐给布什。里根作为戈德沃特的支持者和意识形态的传人，对他的意见

当然会很重视。

奥康纳最优秀的一条人脉，还是在总统里根那里，当年，里根和奥康纳一见如故。特别是里根也是个牧场之子，平生最大的嗜好就是骑马，而奥康纳在牧场长大的经历，会骑马、会开车、会打枪的爱好，这与里根非常相似。当她进白宫见里根接受面试时，两人一谈起马来便成了知己。把她送走后，里根再也不要见其他的候选人。美国历史上第一个女性大法官，就这么走马上任了。

奥康纳的弟弟艾伦说："姐姐从小在牧场长大，培养了她独立和信赖自身能力的性格。在牧场里，你开着卡车或骑马或以其他方式在牧场上巡视时，你会碰到需要立即作出反应的情况：篱笆墙断裂了，或是风车出了问题，或是母牛病了，或是车胎瘪了，再或者是风扇皮带断了，你找不到任何人，而且也没有任何人会照顾你。你很快就学会要对自己负责。"

的确，很多人对一个来自乡下的小女孩成长为联邦最高法院法官——美国最有权力女人之一的奥康纳感到惊奇。事实上，小时候没有自来水没有电的孤独生活，很早便造就了奥康纳独立自主以及坚强的毅志力。

逐梦箴言

她是能将事业与家庭的关系处理得非常好的女人，事业与家庭两不误，在家里是合格的贤妻良母，在事业，她是美国首位联邦最高法院女法官，是美国首位女性最高法院大法官。她的实用主义的方法使她不仅身处最高法院，而且还是美国政治的中心。她是大牧场造就大法官，是让人大跌眼镜的"温和派"代表，是最有权势的女人，是女性的杰出代表。

知识链接

《福布斯》

　　《福布斯》杂志是一本美国历史最悠久的商业杂志之一,由苏格兰人迈尔康·福布斯于 1917 年创办。福布斯集团是媒体行业中的巨头,也是最为成功的家族企业。《福布斯》全球版的发行量高达 100 万份,在全球拥有近 500 万高层次的商界读者。2003 年,福布斯集团发行《福布斯》中文版。福布斯的宗旨是"创业精神、创富工具"。

里根

　　里根,是指罗纳德·威尔逊·里根,1911 年 2 月 6 日出生于伊利诺伊州坦皮科,2004 年 6 月 5 日逝世于加州洛杉矶贝莱尔。美国政治家,第 33 任加利福尼亚州州长,第 40 任美国总统(1981 年—1989 年)。他也是一名伟大的演讲家,他的演说风格高明而极具说服力,被媒体誉为"伟大的沟通者"。历任总统之中,他就职年龄最大。他是历任总统中唯一一位演员出身的总统。

我的未来不是梦

智慧心语

有格调的法官拒绝错误与草率的思想。

——卡多佐

在一个法治的政府之下，善良公民的座右铭是什么？那就是"严格地服从，自由地批判"。

——边沁

一项法律越是在它的接受者那里以恶行为前提，那么它本身就越好。

——拉德布鲁赫

无论何人，如为他人制定法律，应将同一法律应用于自己身上。

——阿奎那

真想解除一国的内忧应该依靠良好的立法，不能依靠偶然的机会。

——亚里士多德

第七章

少年立志　报国图强

○导读○

　　少壮不努力,老大徒伤悲。少年时期是人生中最美好的一段时光,在少年时为自己的人生蓝图好好规划一下吧,人在少年时的所作所为往往影响着以后的人生,习惯是人生成功的一个重要因素,在少年时养成一个好习惯吧,惜时如金,发愤读书,长大以后才能更好地实现的人生的价值,才能报效国家——

■ 人民满意的好法官罗东川

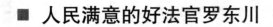

2000 年 2 月 1 日,由最高人民法院等 6 家单位联合举办的首届"全国十大人民满意的好法官"评选结果揭晓,北京市第一中级人民法院知识产权庭副庭长罗东川以 113 744 票当选。由人民群众评选"十大好法官",这还是建国以来的第一次。在 2000 年,罗东川还同时荣获了"全国劳动模范"、"北京十大杰出青年"、"全国先进工作者"等荣誉称号。

取得了如此多的成绩,罗东川却说:"把我作为一种典型或者模范,其实这并不是我个人干得多突出,更重要的是我来自于一个集体。任何个人的力量都是渺小的,现代社会更强调的是一种协作、一种团队的精神。集体里面的成员同心同德,一起努力,才会取得一些成果。"重视团队精神的罗东川和他所在的北京市第一中级人民法院,被视为中国知识产权审判的一面旗帜。

罗东川 1965 年 10 月出生在重庆市南川县,从小他就接受了中国最正统的教育。为什么说是最正统的教育,因为中国的正统教育比较重视德育与智育、教师与学生的关系。德育,就是思想品德;智育,就是才能和思维能力。德在前,智在后,中国的正统教育更重视人的品行素质,而不是技能素质。同时,在知识学习上,又有着"格物致知"、"温故知新"、"循序渐进"、"尊师爱生"等一系列的手段,来加强德、智的齐头并进。所以在这种教育激励下,罗东川在快乐中度过了自己的童年、少年,又以优异的成绩考入重庆市南川县一所重点中学。

这种正统教育在罗东川身上留下了很深的烙印："为国家、为社会做贡献，做国家的栋梁之材"，成了他自幼就追求的人生目标。

1981年，罗东川15岁，那一年，正是国家特别法庭公审"四人帮"的时候。一次，罗东川因事去了重庆市。那天，雾蒙蒙的，走在泥泞的马路上，想到自己正承受着明年高考的压力，他心情非常沉重。他想："高考意味着有机会到大城市里去读书，意味着可以接触很多新鲜事物。同时，高考要面临着选择专业，学文还是学理直接影响到日后所从事的工作种类。"他这样一边想着，一边走着。突然路旁一群人嘈杂的议论声打断了他的思路。

原来，路边一群人正围在一家商店的电视机前看电视呢，他凑上去一看，是审判江青"四人帮"的专题报道。电视画面上，呈现着法庭的威严与正义。瞬间，他的心跳得很快，脑子里迅速回想"四人帮"给人们带来的灾难，那一刻他突然想明白自己一年后要在志愿表上填什么了。

1982年，罗东川报考了北京大学法律系并顺利地被录取了。他说："我自己当时感受到的不仅是威严与正义，还朦胧地意识到今后国家肯定要大力发展经济，而法律工作正是与经济工作相辅相成的，并且法律能够为经济提供规范与制约。"是啊，正是这种朦胧的意识，成为一股强大的激情与动力，使罗东川一直在法律工作的道路上勤奋学习，努力进取。

1986年，在罗东川毕业前夕，他又陷入了思索之中，因为对于他这个专业的学生来说，毕业有两个去向，一是到中央国家机关工作，一个是去司法机关。从实际角度来考虑，大多数人认为去中央国家机关在前途、待遇上都比司法机关要好，因此选择了前者，但这就意味着可能要放弃法律专业，而罗东川却毫不犹豫地要求分配到法律系统工作。

1986年，罗东川被分到北京市高级人民法院工作。出了校门，满腹书本知识，却无丝毫实际经验，罗东川作为一名书记员，开始了用眼睛看、用耳朵听的向法院前辈学习的过程。那时他是法院里"勤快"的新员工，琐碎的事情他一包到底，抹桌子、打开水、拖地，他都任劳任怨的承担起来。他这样做有自己的理由，他说："从小事做起，即使是最简单的事情也要用最认真严谨的态度完成，只有这样，才能在面对日后的审判工作时保持一贯

的作风,毫不疏忽。"

正如他说的那样,他每天协助宣判工作、做记录、开传票,他一边做一边用脑子思考、分析在法庭上所看所闻,并把在学校学的知识运用到工作中去,在他心里,一条正义的河流渐渐清晰地呈现。他说:"法律是船,执法人员是舵手,将错与对在是与非两岸的躁动与骚乱平息。"

1993 年,罗东川参加建立中国法院最早的知识产权审判庭——北京市中级人民法院知识产权审判庭,从此开始了在知识产权审判这个特殊领域的耕耘和奉献。在具体的审判实践中,罗东川和他的同事们创造了知识产权审判的许多"第一",开创性地提出了许多重要的审理知识产权案件的方法和原则,填补了法律上、理论上的空白。罗东川和他的同事们所共同创立的庭前证据交换制度,更被业内人士誉为司法证据制度上具有革命意义的创新。

职位的升迁意味着取得了优异的工作成绩。1995 年,罗东川任北京市第一中级人民法院知识产权审判庭副庭长、庭长;2000 年任最高人民法院民事审判第三庭(知识产权庭)副庭长。2003 年 12 月任最高人民法院研究室副主任;2009 年 8 月任中国应用法学研究所所长;2012 年 3 月任最高人民法院政治部副主任、理论研究工作领导小组办公室主任。

坚定的信念使罗东川一边工作,一边继续学习为自己充电。1988 年,罗东川考入武汉大学法律系读硕士,1999 年,重新回到北京大学,利用业余时间继续攻读法学博士学位。

在胜利完成学业的同时,罗东川在工作中也取得了很多荣誉:1994 年,经北京市高级人民法院批准,荣立个人二等功;1998 年,被国家科委和司法部授予"全国知识产权先进个人"称号;1999 年,被最高人民法院和国家人事部授予"全国法院模范"、被评为第二届"中国优秀青年卫士"、"全国青年法官标兵"。

获得了如此多的荣誉,又作为中国知识产权界的风云人物,罗东川的心态始终是平静的。他说:"荣誉只能意味着过去的成绩,更多的是提醒荣誉获得者未来的路需要更多的付出!"

我的未来不是梦

逐梦箴言

不懈的努力，使他能够一步一个脚印地走在自己理想的路上，他被称为年轻的知识产权的守护神，被称为正义河上的摆渡者，在这条正义河上，原本一条船的摆渡者已经变成所有船只前行规则的制定者与指挥者，然而，他将成功和荣誉都抛在脑后，他要做一个轻装上阵的人，不断开辟新的未来。

知识链接

公审

公审，是我国人民法院公开审判案件的一种方式，是指在群众参加下审判有重大社会意义的案件。

证据

证据是证明案件事实的依据，证据问题是诉讼的核心问题，全部诉讼活动实际上都是围绕证据的搜集和运用而进行。

神探狄仁杰

电视剧《神探狄仁杰》引起了广大观众的关注,人们无不为狄仁杰高超的断案能力而叹服。在历史上,狄仁杰确实是位断案高手,只不过"断案"仅仅是其传奇一生的一个组成部分而已,他是唐(武周)时杰出的政治家,高宗及武则天当政期间历任大理寺城御史、刺史,乃至宰相等职。据唐书记载,他在武则天统治时期曾担任国家最高司法职务,判决积案、疑案,纠正冤案、错案、假案 17 000 人,无一怨诉者。狄仁杰一生为官廉洁奉公、政绩卓越、朝野闻名。他断案时惊心动魄的场面及被世人所皆知的传奇故事以及刺史惊人功绩更被世人传为美谈。

狄仁杰,字怀英,生肖属虎,汉族人,唐贞观四年(630 年)出生在并州太原(今山西太原)的一个庶族官僚家庭。祖父狄孝绪,任太宗贞观朝尚书左丞。父亲狄知逊官至夔州长史。狄仁杰从小就受到严格的封建教育,聪明过人,在他童年时,家里有个门客被人谋杀,县衙来人调查审讯。众人都纷纷上前辩解,证明自己无罪,唯有小狄仁杰安坐不动,继续认真读书。县吏责怪小狄仁杰说:"家里出了这么大的事你还能读下书去?"

小狄仁杰指着手中的书说:"在这些书中,先哲圣贤都在里面,有时候有些事,就连圣贤也说不清,道不明,我哪有工夫听你们这些俗吏的胡扯和教训。你们断案根本不依靠法律,更没有一点逻辑程序……"

县吏听了他的话哑口无言,因为小狄仁杰手里正读着的就是一本当时的法律书。

为了公平正义比太阳还要有光辉

　　小狄仁杰读书刻苦努力，很小的时候就通晓经史和当时的法律，后来经过科考被任命为汴州（今开封）的判佐，判佐是判官的副职官。可刚上任不久，狄仁杰被同事陷害诬告，很苦闷。当时的工部尚书阎立本正好在河南视察工作，他鼓励狄仁杰说："年轻人啊，这样的挫折和磨难，对你才是最好的锻炼，从此叫你更能分清什么是善，什么叫恶，你将来才能成为一位名满天下的好官。"

　　狄仁杰遇到了伯乐，把事情的前后讲给阎立本听，他直言据理，为自己申诉冤情。最后，阎立本不仅弄清了事情的真相，而且发现狄仁杰是一个德才兼备的不可多得的人才。他称赞狄仁杰说："你真是河曲之明珠，东南之遗宝啊！"

　　后来，经阎立本推荐狄仁杰作了并州都督府的法曹，从此狄仁杰开始有了"神探"的经历，成了"断案"的奇才。

　　狄仁杰去并州上任，他的亲人都住在河阳。当狄仁杰登上太行山时，抬头望见一朵白云正在孤独的向南飞去，他停下脚步对仆人说："我的亲人们就居住在那朵白云的下方。"说完狄仁杰久久立在原地，目不转睛地看着那朵白云越飘越远，直至不见。然后又感叹地说："到了并州，那里的人就是我的亲人了。"

　　仆人听了狄仁杰的话，并没有理解话语的含义，可是他们跟随在狄仁杰身边，却目睹了他践行这些话语的经历。

　　狄仁杰为人非常友善讲究，到了并州，他有位同事叫郑崇质，该轮到郑崇质出使远差了，可是不巧他的母亲病了。于是狄仁杰主动找到郑崇质说："你的老母亲病得很重，你又被派到那么偏远的地方工作，你在万里之外，怎能不担忧母亲的身体呢？我已经请求长史兰仁基，要代替你出这趟远差。"

　　这件事让上司兰仁基和同事郑崇质都非常感慨。当时，兰仁基与司马李孝廉正因事情闹着矛盾，谁也不理谁，兰仁基找到李孝廉说："我们的属下狄仁杰都有这样高风亮节，难道不叫我们这些上司惭愧吗？"从此两人和好如初了。

狄仁杰做大理丞时，当时的武卫大将军权善才误砍了昭陵墓的柏树，被定为死罪。狄仁杰奏请皇帝应该定为免职。可是高宗李治却不更改，依然要下令杀权善才。狄仁杰说："权善才罪不当死。"

高宗李治脸色难看地说："权善才砍昭陵墓的树，是对我祖宗的大不孝，我必须要杀了他。"

这时左右大臣给狄仁杰使眼色，那意思是别再说了，还不赶紧退下。可是狄仁杰却毫无惧色地说："权善才是上元中左金吾卫大将军、上柱国、开国侯。国家培养这样一个人才需要很多年，可是重新栽一棵柏树却会很快就能成材……"狄仁杰从尧舜桀纣论及当代，慷慨陈词，终于说服了高宗李治，权善才得以免死。

狄仁杰担任魏州刺史时，因为政绩卓著，百姓为他建立了生祠，后来狄仁杰每到新地任地方官，当地百姓多为狄仁杰立下许多歌功颂德的石碑，这些都承载了狄仁杰的巨大声誉，狄仁杰的确是人中之杰，后世的榜样，男人的典范。

在狄仁杰为相的几年中，武则天对他的信重是群臣莫及的，她常称狄仁杰为"国老"，而不称呼他的名字。由于精明、断案入神、办事公正严谨，朝中很多人称之为"老狐狸"。狄仁杰喜欢面引廷争，武则天"每屈意从之"。狄仁杰曾多次以年老告退，武则天不许，武则天曾告诫朝中官吏："自非军国大事，勿以烦公。"

狄仁杰的社会声望不断提高，武则天为了表彰他的功绩，赐给他紫袍、龟带，并亲自在紫袍上写了"敷政木，守清勤，升显位，励相臣"十二个金字。神功元年（697年）十月，狄仁杰被武则天召回朝中，此时，狄仁杰已年老体衰，力不从心。但他深感个人责任的重大，仍然尽心竭力，关心社会命运和国家前途，提出一些有益于社会和国家的建议或措施，以政治家的深谋远虑，劝说武则天顺应民心，还政于庐陵王李显，在以后几年国家的社会政治生活中发挥了巨大的作用。

久视元年（700年），狄仁杰病故，全朝上下凄惨悲痛，武则天哭泣着说："朝堂空也。"封狄仁杰为梁国公，所以后世称其为狄梁公。

我的未来不是梦

狄仁杰刚正不阿、辅国安邦、有胆有识，是武则天革移了大唐九鼎而恢复李唐社稷的首要功臣，武则天最终能还政于李家，虽因为武氏全族中没有一个人有她的一半才能，但是更因为狄仁杰一直在努力"和平演变"大周王朝的一个重要原因，所以说狄仁杰又是历史上少有的杰出政治家之一。

逐梦箴言

在中国历史上，乱世英雄灿如银河中的星斗，但断案如神、直言敢谏的狄仁杰以不畏权贵著称备受赞誉。他为了拯救无辜，敢于拂逆君主之意；他始终保持体恤百姓、不畏权势的本色，始终是居庙堂之上，以民为忧，后人称之为"唐室砥柱"；他被历代政治家、史学家称为有再造唐室之功的忠臣义士。

知识链接

法曹

法曹，是古代司法机关或司法官员的称谓。在日本，法官、检察官和律师总称为"法曹"，被誉为"法制建设上的三根支柱"。三者的地位甚高但对其资格的要求也很严，要进入"法曹"的行列，必须经过专门的培训，并通过国家考试。

生祠

生祠，指为活人修建的祠堂。祠堂是族人祭祀祖先或先贤的场所。祠堂有多种用途。除了"崇宗祀祖"之用外，各房子孙平时有办理婚、丧、寿、喜等事时，便利用这些宽广的祠堂以作为活动之用。另外，族亲们有时为了商议族内的重要事务，也利用祠堂作为会聚场所。

美国最高法院首席大法官
约翰·马歇尔

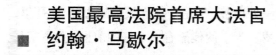

　　《马歇尔传记》中说:"如果说乔治·华盛顿创建了美国,那么,约翰·马歇尔则确定了美国的制度。"众所周知美国是联邦制国家,政权组织形式为总统制,实行立法、司法、行政三权分立与制衡相结合的政治制度和两党制的政党制度。那么,说约翰·马歇尔确定了美国的制度,可见,他对美国的制度制定做出了突出的贡献。

　　约翰·马歇尔是美国联邦最高法院第四任首席大法官,对美国宪法的捍卫和阐释有着无法替代的功绩。为此,在美国最高法院院史博物馆中,只有他有一座全身铜像,其他所有的铜像都只有半身。可见,他作为美国宪政的奠基人,是任职时间最长的首席大法官,被誉为"常青树",在人们心中的地位。

　　约翰·马歇尔 1755 年 9 月 24 日出生于在弗吉尼亚的日尔曼敦,他和美利坚合众国第三任总统、《独立宣言》的起草人托马斯·杰弗逊一样,是弗吉尼亚著名豪门伦道夫家族中人,他比杰弗逊小 12 岁。

　　约翰·马歇尔的父亲名叫托马斯·马歇尔,虽然是一个普通的农民,但是却具有独立而坚强的性格,他曾积极地参加了独立战争。在约翰·马歇尔小时候,爸爸就经常给他讲美国独立战争的经过、场面,他甚至还能背诵下来当时美军向包围的英军散发传单上的语言:"自独立战争开始两年以来,尽管我们遭受了巨大的困难和挫折,但今天,你们必须投降,因为上帝正全力支持我们的事业。"

我的未来不是梦

随着爸爸讲的战争故事越来越多，父亲的形象在他心中也就越高大，成了他心中的榜样和大英雄。

约翰·马歇尔的母亲玛丽·艾沙姆·马歇尔，是个普通的家庭主妇。他们家是一个北美早期典型的农民家庭，以农业为生，为了寻找适于耕种的土地而不断迁移。在他出生后的几年里，他家几度搬家，最后迁至日耳曼镇西方约 30 英里的落基山一处山谷。那是个地广人稀的边疆，在那里，他度过了童年并一直住到 18 岁。为了使他能有一个好的前程，并不富裕的父母让他在家中接受了良好的启蒙和初级教育，更教育他养成了简朴、坚韧性格。在这里，他曾接受住在他家教区的牧师苏格兰裔的詹姆斯·汤普森一年的教育，除此他没受过正式的教育。

年幼时，约翰·马歇尔和弟弟妹妹的学前教育都是从父亲那里获得的，曾做过军人的父亲爱好广泛，在文学和历史上都有很深的研究，父亲的爱好对约翰·马歇尔产生非常大的影响，让他成了一个爱锻炼，擅长跑、跳远和掷铁环，并很爱接近乡间大自然的自由生活，时常长程徒步穿越附近的林野的"健将"。从小接受这样的锻炼后，让他长大后成了个子高瘦，却充满活力的人，他身手矫健，注重身体锻炼贯穿了他的一生。

1773 年 1 月，约翰·马歇尔的父亲在邻近的橡树村购置了 1 700 英亩的土地。这是一个山清水秀的地方。在这里，他可以看到山脉，可以俯瞰到青绿的山谷和蜿蜒的小河。在这个美丽的农庄里，18 岁约翰·马歇尔开始学习法律。

为什么要学习法律，因为早在一年前，刚在美洲殖民地出版了布莱克斯通的《英国法律评论》，他说："英国的法律，对我产生了强大的吸引力和影响力，让我想起在幼年时读的蒲伯诗集就有的一个愿望，那时我把自己的愿望告诉父母，他们也希望我长大后能成为一名律师。可以说从孩提时，我便已注定这一生是要当律师的了。"

在约翰·马歇尔自学法律的第二年，他报名参军，他也要像父亲一样有一段光荣的历史。从军后，1775 年 6 月，华盛顿开始统率大陆军队，在华盛顿屯兵福奇谷的最艰难时期，他忠心耿耿，对华盛顿和独立战争始终充满信心。他常以轻松的心情，欢乐的笑语，使那些显得沮丧的士兵获得鼓舞，甚

至打消了一些人原先打算逃亡的念头。由此,他受到赏识,被认命担任大陆军的副军法官领上尉衔。这种激励更加强了华盛顿在他心中的英雄形象。

他说:"我和华盛顿从小一样都是在农庄长大的,他童年种植园主的经历和他20岁继承了一笔可观的财产后到军中服役的经历在我眼前晃动,我能把他积极参加法国人同印第安人之间的战争,从而获得了军事经验和威望写出来,并写得很好,我一定要为华盛顿写一本传记。"

果然,他的这本传记写成功了。在为华盛顿写传记的过程中,他进入到了传主的生活,他的思想得到提高,境界得到了提升。

1781年,参军7年的约翰·马歇尔退役后,他进入了威廉玛丽学院学习法律。1782年,他在27岁时,从竞选弗吉尼亚州议员开始进入政界。1788年他被选为弗吉尼亚州制宪会议代表,弗州制宪会议讨论批准一年前费城制宪会议上通过的宪法。会上,马歇尔和麦迪逊及伦道夫一起,支持批准宪法。他还专门为宪法第三条、有关司法机构的条款进行了辩护,最后会议以89对79票批准了宪法,他从此成了联邦党人。

独立战争初期,约翰·马歇尔目睹了大陆军中各地民兵建制庞杂、各行其是、指挥混乱的困难局面,让他觉得建立一个强大而统一的联邦对美国至关重要。独立战争后,他做过执业律师、州议员、联邦外交特使、联邦众议员、国务卿等职务,在法律事务、政府行政和立法部门积累了全面的经验。他说:"我作为一个弗吉尼亚人参加独立革命,革命后成了一个美国人。"

约翰·马歇尔经历广泛,政治经验丰富,思维敏锐,洞察力强,擅长从复杂的案情中迅速抓住问题的要害。他说:"这是一部需要解释的宪法。"他的这句话后来被作为名言广为引用。那时,他积极倡导美国联邦最高法院的大法官们撰写案例评注,并亲自为其任内审判过的1 106个案件中的519个案件撰写评注,推动了美国判例法的形成。

1800年6月6日约翰·马歇尔出任美国国务卿,1801年3月4日,开始担任美国最高法院第4任首席大法官,在任期内曾做出著名的马伯里诉麦迪逊案的判决,奠定了美国法院对国会法律的司法审查权的基础。他提出的:"总统违宪也不行"更是受到广泛赞誉,被后世牢记。

为了公平正义比太阳还要有光辉

1835 年 7 月 6 日,约翰·马歇尔病逝于费城,结束了他 34 年的最高法院首席法官生涯,他成了法国历史上任期时间最长的首席大法官。

逐梦箴言

他治学修身育人育德,他对法学有着不变的情结,他灵活运用法律知识,辨法析理,胜败皆服;他是美国宪法创制人之一,他奠定了美国宪政基础;他的著作以"鞭辟入微、立论精当"著称,对美国早期法制具有极高的学术价值。他是伟大的最高法院院长,是一位重量级的大法官大人物,他永远是一位让人们怀念的著名政治家、法学家。

知识链接

美国独立战争

美国独立战争,是一场民族独立战争和资产阶级革命,是世界历史上规模最大的一次反殖民战争。由于英国对殖民地的剥削严重阻碍了资本主义的发展,导致了北美人民的抗争。始于 1775 年 4 月的莱克星顿枪声,1776 年 7 月 4 日大陆会议通过了《独立宣言》,宣告了美国的诞生。经过北美人民的艰苦抗争,终于在 1783 年迫使英国承认美国独立。独立战争结束了英国的殖民统治,实现了国家的独立,确立了比较民主的资产阶级民主体制,有利于资本主义的发展,对拉丁美洲和法国大革命起到了推动作用。

美国国务卿

美国国务卿在美国的国家政治事务中有着非同寻常的地位与影响,在国外也有着很深的影响力,被誉为"美国的脸"。美国国务卿是美国总统的内阁成员,但是其地位要比普通的内阁部长高,是所有内阁成员中的首席,相当于"外长",位于美国总统继任顺序的第四位。

宪政改革者厄尔·沃伦大法官

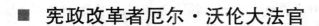

沃伦法院是美国1953年至1969年的美国联邦最高法院,是美国宪政史上最富有创造性的法院之一,在美国联邦最高法院的历史上,沃伦法院有着极其重要的地位,它面对五六十年代美国社会一系列严重的政治及法律问题,坚持资产阶级自由主义立场,大胆行使职权,充分发挥宪法法院的职能,在消除美国种族隔离制度、扩大黑人民权、维护公民的民主权利与自由等方面做出了重要贡献。

沃伦法院因首席大法官是厄尔·沃伦而得名。厄尔·沃伦是美国著名政治家、法学家,担任过美国加利福尼亚州州长,1953年至1969年期间担任美国首席大法官。在担任首席大法官期间,美国最高法院做出了很多涉及种族隔离、民权、政教分离、逮捕程序等著名判例。沃伦法院逐渐从保守主义转向自由主义,尤其在民权保护和社会改革领域,最高法院灵活地解释和运用宪法,主张法律必须适应美国社会发展的需要,让法之正义普照天下。

沃伦,1891年3月19日出生在加利福尼亚州的洛杉矶,父亲是挪威移民,母亲是瑞典移民,他是个"昆血儿"。从小他的家庭非常贫穷,是个寒家子弟,但他是个非常上进的孩子,是个一心想用知识改变命运的穷孩子。

1912年,在沃伦20岁时,他从加州大学伯克利分校毕业,并获得了本科学位。1914年,获得法学学士学位,并加入加州律师协会。从法学院毕业之后,沃伦在私人律师事务所工作了5年。

我的未来不是梦

正如他自己说的那样："如果说政治是我一生的使命，而依赖法律从政则是我的政治生涯的起点。"1925年，他被任命为加州阿拉米达郡检察长，此后的13年里他成为一个执法严格的检察官，这为他的政治声誉打下了良好基础。也正因此，1938年，沃伦被选为加州检察总长。任期内，他一如既往地坚决捍卫维护法律的尊严，并领导了一场全国性的打击犯罪运动，被誉为"最有效率的检察总长"。

1942年，沃伦以共和党的身份当选加利福尼亚州州长，从此，他成了历史上第一位担任三届加州州长。假如说护法是沃伦政治使命的起点，那么，他作为州长为他实现成功护法奠定了基础。

在1942年至1953年，沃伦任州长期间，他支持在第二次世界大战期间扣留在美国的日本人和日裔；在经济方面工作也非常出色，为二战后直到1960年代中期的近20年繁荣打下了基础；他重视民生教育，在加州建设了声望卓著的公立大学系统，为两代加州人提供了质高价廉的高等教育；他先后实施了各种有利于国民的政策，进一步建立起其卓越的政治声誉，他在加州取得的显著政绩，让他蜚声全国。他的雄心也日渐展现，他说："我把当选美国总统定为自己的政治抱负。"

沃伦在1948年曾作为副总统候选人和托马斯·杜威搭档参加美国总统大选，但以微弱之差败给了杜鲁门。在参加两次竞选总统失败后，在1953年10月5日，被任命为美国第14任首席大法官。

有人将以政治为职业的人区分为两种：一种是"为了"政治而活的人和"依赖"政治而活的人，前者是在一种内在心灵的意义上，把政治当成自己的生命所在。而沃伦当选为美国联邦最高法院第14任首席大法官后，则是以政治为职业的典型，他并没有像一般的法官那样与政治保持适当的距离，而是在法官职位上继续履行其政治使命。

虽然说沃伦走上大法官岗位之时，参加两次竞选总统失败，是壮志未酬，但是沃伦在担任首席大法官期间，领导美国最高法院做出了一系列里程碑式的判决。如在诉教育委员会一案中，8岁的黑人儿童琳达·布朗在上三年级，由于学校体系是按照不同种族而分开的，她每天需要步行1.5公里去黑人小学去上学，而她周围白人伙伴的公立学校却离家很近。琳达的父母向联邦地方法院起诉，认为提供给黑人隔离的学校设施本身就是不平等的。但是地方法院支持学校体系。而沃伦法院最终裁决认定，隔离的教育设施从本质上就是不平等的，侵犯了宪法第十四条修正案规定的受平等法律保护的权利。这个案件标志着"合法的"种族隔离在美国的终结，即受法律保护的公共场所的种族隔离的终结。

沃伦领导下的美国最高法院做出上述偏爱保护弱势群体权利的一系列判决，其实具有历史必然性。这与沃伦法院的成员有着共同的生活经历是分不开的，他们怀有同情穷人和被社会轻视者的情结。他们都把宪法作为自己的信仰，共同的政治取向和人生经历使得他们成为志同道合的战友，构成了沃伦法院的牢固的统一战线。这个判决，也体现了沃伦法院顺应美国历史发展潮流的结果，可以说，随着美国人权运动的不断发展，推进人权事业成为历史赋予美国最高法院的历史使命。

沃伦法院推翻了"政治棘丛"原则，明确了"政治问题"的内容和判断标准，确立了司法机关对议席分配案件的管辖权和"一人一票"的选举规则，避免了因权力分配不公而导致的社会动荡。沃伦法院掀起了一场又一场宪政革命，推动了美国的种种社会运动。因此，人们称沃伦法院秉持"司法主动主义"、"积极有为的自由派司法"，甚至把沃伦法院称为是"从华盛顿发话的全能上帝。"

在沃伦担任首席大法官期间，被称为司法制度改革的沃伦时代。这段时期是最高法院最有活力的时期之一。1969 年，沃伦从最高法院退休。1968 年 6 月 30 日，最高法院新任首席大法官就职，沃伦法院宣告结束。

1974 年 7 月 9 日，沃伦去世，他把毕生的精力都用在推进民权进步的事业上，让法之正义普照天下所有民众，他的一生是可以说是依赖法律为了政治而活的一生。

逐梦箴言

　　他作为法官，坚持司法能动主义，提高了美国联邦最高法院的宪政地位，推进了美国宪政体制的深层次改革；他创造性地解释宪法条文，通过一系列里程碑式的裁决开启了美国联邦最高法院司法改革的沃伦时代；他推翻了种族隔离但平等的先例，最终终结了种族歧视制度，有力地保障了公民的人权，让法之正义普照天下。

知识链接

种族隔离

　　种族隔离，指在日常生活中，按照不同种族将人群分割开来，使得各种族不能同时使用公共空间或平等隔离，还是不平等隔离，实质上均是一种种族歧视行为。种族隔离可能是法律规定的，也可能是无法律规定但事实存在的。不论种族隔离是以拥有的权利还是依照其种族背景来划分，拥有欧洲白人血统者都能享有至高的权力地位，而非裔、亚裔与种族混合血统者则受法律限制其参与政治及提升经济能力的机会。

民权

　　民权指公民在政治领域里享有的民主权利；人民在政治上的民主权利。

智慧心语

像所有的人都必须承认的那样，我们也承认政府的权力是有限的，而且这种限制是不能逾越的。但是我们认为，对宪法的正确解释必定允许联邦的立法机构有权自由决定执行宪法授权所需采用的手段，以便使该机构得以按照最有利于人民的方式履行其既定的崇高职责。如果目的是合法的，如果它又是在宪法所规定的范围内，那么，一切手段只要是适当的，只要是明显适合于这一目的，只要从未被禁止过，并且是与宪法的文字和精神相一致，就都是合乎宪法的。

——约翰·马歇尔

宪法是一个无穷尽的、一个国家的世代人都参与对话的流动的话语。

——劳伦·却伯

法律的基本原则是：为人诚实，不损害他人，给予每个人他应得的部分。

——查士丁尼

法律是一种不断完善的实践，虽然可能因其缺陷而失效，甚至根本失效，但它绝不是一种荒唐的玩笑。

——德沃金

法发展的重心不在立法、不在法学，也不在司法判决，而在社会本身。

——埃利希

我的未来不是梦

第八章

立下远大志向　成就精彩人生

为了公平正义比太阳还要有光辉

◦导读◦

　　立志是一件很重要的事情。志向是幼苗，经过热爱劳动的双手培育，在肥田沃土里将成长为粗壮的大树。不热爱劳动，不进行自我教育，志向这棵幼苗会连根枯死。立志是事业的大门，工作是登堂入室的旅程，这旅程的尽头就有个成功在等待着，来庆祝努力结果——

人类伟大法官孔子

子曰："吾十有五而志于学。"

孔子说："我十五岁时，便立定志向于学习之上"。

说到孔子，我们都是知道他是中国古代著名的文学家、思想家、教育家、政治家、社会活动家、古文献整理家、儒家学派编撰人，被后人推崇为儒家学派创始人，居联合国教科文组织评出的"世界十大文化名人"之首。但在海牙国际法庭里"人类伟大法官"展厅里，却挂着孔子的像，在这里孔子是作为"人类伟大的法学家"而被尊奉的，这里把孔子称为"大法官"。也许是因为孔子在中国历史上的地位太崇高了，是至圣先师，万世师表，使人们看不到或者说忽视了孔子的司法实践活动与法学研究活动。

在中国历史上，孔子确实当过鲁国大司寇，大司寇是最高司法长官，相当于现在的"最高法院院长"和"一级大法官"。我们知道，孔子的学说是以"仁"为核心的，主张"以德治国"的治国理念。这一理念把人类的普遍道德作为治理国家的根本。只有把国家的治理建立在道德基础之上，社会才有理想，有希望，人间才会"大同"。这是儒家思想，但是，儒家并不反对法律。古代的许多儒家代表人物往往长期从事具体的行政司法活动，儒家学说慢慢与中国法律的发展走在了一起，而儒家文化的"仁"、"礼"也慢慢渗透进中国的古代法律中。

孔子，公元前551年9月28日出生，名丘，字仲尼。孔子的父亲名叫叔梁纥，叔梁为字，纥为名，是鲁国出名的勇士。孔子的母亲名叫颜征在，

是孔子父亲在晚年娶的一个妻子。

孔子自幼家贫,3岁时父亲病逝,17岁时,母亲病逝。

孔子曾为人放牧牛羊,看管仓库。孔子继承了父亲叔梁纥的英勇,身高九尺六寸,如果在现在也是身高在1.9米以上的高个子,臂力过人,学会了射箭、驾车等本领,孔子自20多岁起,就想走仕途之路,所以对天下大事非常关注,经常思考治理国家的诸多问题,也常发表一些见解,后来在51岁时被任命为中都宰,卓有政绩,被升为小司空,不久又升为大司寇。

孔子在当大法官的过程中,公正严明,把鲁国治理得非常好。史书上记载,羊贩子"沈犹氏不敢朝饮其羊",这是一个真实的故事。说通过孔子的审判,羊贩子沈犹氏不敢再像从前那样,早上去卖羊之前,先让羊多喝水,多喝水就能增加羊的重量,就能多卖钱,就像现在的"注水猪肉"一样,当年,孔子在审判这一宗案件后,使类似做假欺骗人的案件得到了惩治。后来,由于孔子在任大司寇三年的时间中断案公正,执法严明,那些搞假冒伪劣商品的人在鲁国没法待下去,都离开了鲁国,如一向胡作非为的"慎溃氏逾境而徙"。为什么要离开,因为鲁国有孔子这个大法官在"把关",他们只好别处"苟且偷生"去了。

历史上还有很多这类孔子审理案件的故事。孔子作为一个大法官,肯定有自己独特的法律思想。"听讼,吾犹人也;必也,使无讼乎!"这说明孔子在审案时与其他法官并无二样:以事实为依据,以法律为准绳。这就是《史记·孔子世家》所记载的孔子断案:"文辞有可与人同者,弗独有也"。后面一句话就有区别了,"必也使无讼乎",孔子的最高理想是消除人类社会生活中的诉讼,人类社会不应有诉讼,有诉讼的社会不是一个好的社会,是一个出了问题的社会,是一个生了病的社会。这句话体现了孔子的"无讼理想"与孔子对人类社会"太和"理想的追求。

孔子55岁开始周游列国的旅程,结束了大司寇工作,但不论在做什么,他都在从事传道、授业、解惑,所以,被尊称"至圣先师,万世师表",在法学界,又被尊称为"人类伟大的法学家"。

逐梦箴言

　　作为2 500多年前的一位教育家,孔子非常注意对学生进行立志方面的教育,引导他们为国家为社会做一番事业,以便实现自己的人生抱负。而他自己15岁时就立下了自己学习的远大志向,到晚年仍是"学不厌,教不倦",不曾有片刻松懈其志。而他所推出的"德治"和"法治",依然是治理社会的两条基本路线,他为法学同样做出了巨大贡献。

知识链接

海牙国际法庭

　　海牙国际法庭,其正式名称为国际法院,位于荷兰海牙。是联合国六大机构之一,也是联合国的主要司法机关,成立于1946年4月3日,设在荷兰海牙市中心的和平宫,这是一座由灰色花岗岩做底座,由红砖砌成墙壁的坡顶建筑,高四五层,长六七十米。二战后成立的联合国国际法院均在此办公。

大司寇

　　大司寇是官职名称。中央设大司寇,负责实践法律法令,辅佐君王行使司法权。大司寇下设小司寇,辅佐大司寇审理具体案件。大、小司寇下设专门的司法属吏。此外,基层设有士师、乡士、遂士等负责处理具体司法事宜。

我的未来不是梦

■ 包拯 古往今来知名度最高的法官

在中国说到法官,人们就会想到包拯,因为近千年来,他在历代人民的心目中,一直是刚正不阿的包公,是为民请命的包青天,是古往今来知名度最高的法官。

包拯,字希仁,出身于官僚家庭,生于北宋咸平二年(999年),是楚国忠臣申包胥第35代孙,祖父包士通是平民百姓,读书耕田。父亲叫令仪,是太平兴国八年进士,官至刑部侍郎。包拯兄弟三人,长兄包莹、二兄包颖均早前去世,只有他一个传宗接代。他家境殷实,从小受到了良好的传统知识教育和熏陶,他从小就立志做清官。

包拯28岁时,考中了进士。朝廷任命他为"大理评事",相当于现在的法院陪审员,级别很低。接着,又任命他为建昌(今江西永修)做知县。可是包拯却说:"父母年事已高,不愿意随他远去赴任,我只好放弃官职,留在家里,侍候父母。"

后来,朝廷又委派他到家乡附近的和州(今安徽和县)做官,负责管理税收钱粮,这一回,包拯去赴任了,但是因为实在放心不下留在家中的父母,只坚持了几个月就打道回府了。

父母相继去世之后,包拯才离开乡村,前往京城等候授予新的官职。他住在小客栈里,夜晚守灯苦读,写下了他平生唯一的一首五律:"清心为治本,直道是身谋。秀干终成栋,精钢不作钩。仓充鼠雀喜,草尽狐兔愁。史册有遗训,无贻来者羞。"意思是说,做人要光明正大,就像秀挺的木材应

该做房屋的栋梁,精炼的钢料决不应去做铁,我应该做一个无愧史书教诲的清官。

这以后,包拯被任命为天长(今安徽天长)知县。在那里,他公正地断了好多奇案,博得了清官的好名声。在历史流传着包拯"拒收端州名砚"、"反对覃恩"、"三弹张尧佐"、"参倒张方平"、"抨击宋祁"、"严惩张可久"、"力参任弁"、"铡美案"等故事,在"七斗王逵"中的王逵是出名的贿吏。他在出任地方官时,横行不法,随意增派各种名目的苛捐杂税,仅其中一次就多收了三十万贯。他把搜刮来的钱财,大量贿赂京官,谋取私利。他的吏治手段非常残忍,并且随意杀害百姓。在他任湖南路转运使时,百姓闻风逃散,纷纷躲藏到深山密林的洞穴里,逃避迫害。老百姓对他恨之入骨,可是他受到朝廷宠信,官运亨通,甚至升到淮南转运使的高职。包拯为民请命,曾七次上书朝廷罢免三逵。

有一次包拯在皇帝面前慷慨激昂地说:"我顶住各方面的压力弹劾酷吏王逵,力陈利害,如果没有足够的证据也不能如此执著、坚持"。

包拯说这话时,态度严肃,每字每句都非常大声有力,甚至无意之间把唾沫喷到了皇帝的脸上。包拯这股子"牛劲"让当时权倾大臣,甚至仁宗皇帝本人都要畏惧他三分,当时在官场流行一句时髦语"包弹",为官清廉正派,就叫"没包弹";贪官污吏就叫"有包弹"。在包拯的不断弹劾下,王逵这个宠臣终于被罢免了。

嘉祐二年(1057年),包拯被授以重任,出任北宋都城开封的知府。开封知府是一个极为重要的职务,以主一般都是由亲王、大臣兼任。历来京官难当,一是皇权可以随便干预地方事务,二是皇亲国戚都聚集在这里,仗势欺人,无理可讲。在北宋政权存在的一百多年间,出任开封知府的竟有180多人,平均每个知府的任期只有半年多。包拯在开封知府的任期内,秉公理政,铁面无私,虽然得罪了不少皇亲国戚,但是因为他行得正、坐得直,谁也拿他没有办法。沈括的《梦溪笔谈》里,记载了一个包公任开封知府时的判案故事:有个犯人过堂时,应受杖脊(以杖挞脊背)。他想逃避皮肉之苦,花钱买通了一个府吏。那个府吏说:"我是在知府面前记录供词

我的未来不是梦

为了公平正义比太阳还要有光辉

的。你见到知府时，只管大声喊叫。"

到了那天，犯人被带到包拯面前，果然大声喊冤起来。那个受了贿赂的府吏说："这个犯人不知好歹，受过杖脊就可以出去了，还大叫大喊什么？"

包拯看了一眼，立刻看出了破绽。他把那犯人放走，叫手下把府吏捉住，一审之下，府吏供出真相。包公判他代替那个犯人承受杖脊的刑罚。

包拯弹劾陈州京西路转运司，揭露其歪曲中央政策"折变"盘剥灾民的罪行的事迹，被后世再创作为家喻户晓的早期包公戏《陈州放粮》。民间渲染加工成开封府尹、钦差大臣"包青天"奉命查赈，涉及国舅们害民肥私、包公查案遭人陷害、各路百姓掩护包公、包公怒铡皇亲国戚、成功放粮赈灾等，演绎了一个青天大老爷为民除害、不畏强权且惊心动魄、扣人心弦的故事。

包拯走上了北宋仁宗时期的政治舞台，他的特色之一就是一生都在弹劾别人。据统计，在他弹劾下被降职、罢官、法办的重要大臣不下 30 人，有时为了一个人、一个案件往往反复上奏，火力之猛，大有不达目的誓不罢休的气势，并且被他弹劾的都是当朝权贵。他弹劾仁宗最亲信的太监阎士良"监守自盗"；他 4 次弹劾皇亲郭承佑，让仁宗几乎下不了台；他弹劾宰相宋庠，其人文采风流、道德高尚，实无大过错，但包拯却弹劾他身为重臣却毫无建树，是"庸官"、"不能进入状态"等失职之事。

1056 年，58 岁的包拯成为开封府尹，他一上任就改革诉讼制度，裁撤了门牌司，在当时，平民告状都得先通过门牌司才能上交案件，时常被小吏讹诈。几个月后，惠民河涨水，淹了南半城。包拯一调查，原来，屡疏不通的原因是达官贵人在河两岸占地修豪宅，还堵水筑起了"水上公园"。

包拯立即下令说："将这些花园水榭全部毁去以泄水势，人患一治，水患自然解除。"

包拯这一举动可谓石破天惊，威名大震，京师老百姓都盛传"关节不到，有阎罗包老"。

同时，包拯还查办了一些沉案、冤案，还采取一些措施维护治安，一度赢得美名。他处理案件公道正派，执法严峻，对各种阶层一视同仁也是不

争的历史事实,他不苟言笑、过于严肃,得来了"包希仁笑比黄河清"的民间评价——要看包公笑,比黄河水变清还难啊!

包拯61岁时,被任命为三司使,负责全国经济工作,他展现出了经济改革的天赋,比如改"科率"为"和市",即:朝廷按照公平价格购买农民要缴的上供物资;免除部分地区"折变",即废除农民将粮食变成现钱纳税的规定等措施。开展经济工作卓有成效,两年后,包拯被提拔为枢密副使,相当于主管军事的副宰相,至此,包拯才算正式进入了中央执政官的行列,属于最高军事长官之一,为仁宗时代相对和平做出了巨大的贡献。

包拯在大堂之上,有御赐的三具铡刀:龙头铡、虎头铡和狗头铡。龙头铡,铡违法乱国的皇亲国戚;虎头铡,铡贪赃枉法的官吏;狗头铡,铡偷鸡摸狗的小人。民间传说包公黑脸,额头有新月,体现了普通百姓对包公铁面无私、不徇私情、不畏权贵的敬佩和怀念。包拯在朝为官整整25年,无论是当谏官时的冒死直言,还是当开封知府时的先斩后奏,都表现了包拯将个人安危置之度外,心中只有社稷国家和公平正义。

包拯晚年曾立过一个"家训":我的后代子孙,凡是出来当官的,如果贪赃枉法,老了不准回我的老家;死后,不允许葬在家族的墓地。不听我的教导,就不是我的儿孙! 包拯让石匠把他拟定的这份"家训"刻在石碑上,永志不忘。

包拯63岁时病逝,老百姓非常悲伤,特别是仁宗皇帝亲自到包家吊唁,当看到包家简朴得让他吃惊时,他又听到了关于包拯的"居家俭约,衣服器用饮食如初宦时",非常感慨,封包拯谥号"孝肃",称赞包拯做官以断狱英明刚直而著称于世,执法不避亲党。并宣布停朝一天以示对包拯哀悼。

欧阳修曾说:包拯一辈子"少有孝行,闻于乡里;晚有直节,著在朝廷",这个评价是准确的。他纯朴平实、刚直不阿、疾恶如仇、爱民如子,同时他不苟言笑、太过较真、不会处世、人缘不好。然而,他却成为了中国历史上无人企及的崇高与正义的化身,一个至忠至正、至刚至纯的清官标志与忠臣样本,一个被历朝官方推向神坛,又被历代老百姓奉为神明的大青天。

包拯是中国老百姓心中的神。是对他清明廉洁、高尚品德的赞扬;是

为了公平正义比太阳还要有光辉

对他执法公正，大义灭亲的歌颂；是对他家教甚严、不容逆子的称许。现在，在全国许多地方都设有纪念包公的祠庙，到处都有人在跪拜他。历代文人还写了不少颂扬包拯的诗词，用诗歌来歌颂他的刚正不阿和清正廉明，表达对他的景仰之情。包公一生清正廉洁，刚正不阿，是一千多年来老百姓心目中崇高的清官形象。政治清明时，人们固然怀念他；世道衰败时，老百姓更加怀念他。自宋朝到今天，虽然世事变幻不定，然而，人们对于包公的怀念却是永远的。

逐梦箴言

他是古往今来知名度最高的官员，是黎民百姓呼唤清官与盼望治世的精神寄托，他集中体现了秉公执法、一身正气的精神力量。他被演义成无所不能的超人；他束庙阁之高，被供奉为庇佑苍生的神仙；直至今日，他依然是民间最具号召力的代表公平与正义之化身，他的影响力遍及海内外华人世界。

知识链接

青天

青天，也称青冥，指碧蓝的天空，比喻光明美好的世界。这里指清官，是老百姓对包公的尊敬和爱戴。

谥号

谥号，是在我国古代，统治者或有地位的人死后，给他另起的称号，如"武"帝，"哀"公等。古代帝王、诸侯、卿大夫、高官大臣等死后，朝廷根据他们的生平行为给予一种称号以褒贬善恶，称为谥或谥号。帝王的谥号，由礼官议上；臣下的谥号，由朝廷赐予。

■ 一代清官海瑞海青天

　　海瑞,明代著名政治家,但是因为他惩治贪官、打击豪强、疏浚河道、修筑水利工程、并推行一条鞭法、强令贪官污吏退田还民等,在人们心中是与宋代包拯齐名的大法官,是著名的清官,被称为"海青天"。

　　海瑞,字汝贤、国开,自号刚峰。海瑞是回族人,祖上从福建晋江埯边迁居海南琼山海厝。海瑞1515年出生,他父亲名叫海瀚,考中了禀生,但却在海瑞4岁时就去世了,海瑞的童年是在母亲"特殊教育"下度过的。

　　海瑞的母亲和孟母一样,年纪轻轻就成了寡妇,只好和年幼的儿子相依为命,在偏远的海南岛过着清贫苦闷的生活。海瑞的母亲和孟母一样,深知幼儿教育的重要性,所以在海瑞年幼时期,海母就让他读《孝经》《尚书》《中庸》等圣贤书,树立儒家正确的道德观和价值观。

　　一天,海瑞读完书后和小朋友们一起在外面做游戏,可是母亲看到了,却不分青红皂白地打了海瑞一顿。

　　几天后,小海瑞心里又萌生了想和小伙伴玩一会的念头,于是就讨好母亲说:"妈妈,你让我读的书都背完了,我可以给你演示一下倒背如流了。"

　　小海瑞站在母亲身边大声地背着给母亲听,母亲的脸上终于露出了笑容。

　　小海瑞胆怯地说:"妈妈,那我可以玩一会儿了吗?"

　　母亲听到这话后,脸立刻沉了下来,严肃地说:"不可以,以后也不可

我的未来不是梦

以，你还想让我打你一次吗？"

小海瑞看到母亲暴跳如雷的怒吼，吓得浑身发抖，再也不敢提特殊要求了，而他的母亲不论他功课做得如何优秀，都从来也没有夸奖过他，笑容再也没有在母亲脸上出现过，她总是一本正经，老气横秋的，常常看着母亲的这副面孔，后来，让海瑞甚至连笑都不会了。

海瑞的母亲这种特殊的教育方式叫"戏谑"，"有戏谑。必严词正色诲之"。小海瑞只要冒出玩耍的念头，就会遭到母亲义正词严的教育。所以，海瑞打小在母亲怪异极端的教育下，他形成了孤僻的心理，得上了自闭症，使他成了有严重的"道德洁癖"的人，导致他长大成人后，总是和别人相处不好。

海瑞的母亲粗暴地教育方式捏碎了小海瑞天真无邪的童心，剥夺了他作为儿童游戏的权利。她不让小海瑞像其他孩子一样，快乐地玩耍嬉戏，而是用自己的强悍意志始终主宰着海瑞的精神世界，致使海瑞几乎成了母亲的精神翻版。在母亲严于律己、严于律人的处世哲学中，有着明显的"自虐"和"他虐"倾向。这种倾向，使得海瑞始终不知幸福为何物，甚至还总是给身边的人带来不幸。海瑞一生娶过三个妻子，纳过两个妾。第一个老婆生了两个女儿，因为和海瑞的母亲不和睦而被海瑞休了。第二个老婆进门不到一个月，又因为相同的原因被赶出家门。第三个妻子也在盛年之时十分可疑地暴死。而此前，他的一个妾也自杀身亡。海瑞的不幸婚姻和他母亲有着很大的关系。

海瑞是个孝子，但是却"孝"得过了头，甚至到了三四十岁时还和母亲同屋而睡。在母亲的铁腕之下，海瑞完全无法独立，但也因此让他的性格"正直一生"。

海瑞自幼攻读诗书经传，博学多才，后来考中举人，开始了仕途官场的坎坷生涯。

一次，延平府的督学官到南平县海瑞做学官的地方视察工作，海瑞和另外两名教官前去迎见。在当时的官场上，下级迎接上级，一般都是要跪拜的。因此，随行的两位教官都跪地相迎，可海瑞却站着，只行抱拳之礼，

三人的姿势俨然一个笔架。这位督学官大为震怒，大声训斥海瑞说："你为什么连礼节都不懂？"

海瑞冷静地说："按大明律法，我堂堂学官，为人师表，对你不能行跪拜大礼。"

这位督学官虽然怒发冲冠，却拿海瑞没办法。海瑞由此落下一个"笔架博士"的雅号。过了几年，海瑞因为考核成绩优秀，被授予浙江严州府淳安县知县。淳安县经济比较落后，又位于南北交通要道，接待应酬，多如牛毛，百姓不堪其扰。海瑞上任后，严格按标准接待，对吃拿卡要的官员毫不客气。在严嵩掌权的日子里，别说是严家父子，就是他们手下的同党，也没有一个不是依官仗势，作威作福的。上至朝廷大臣，下至地方官吏，谁都让着他们几分。

一天，总督胡宗宪的儿子，带着一队人马来到淳安。驿站官员不知道来者是谁，接待上稍有怠慢，惹得胡公子大怒，当场命令家丁，把驿吏五花大绑，吊在树上，用皮鞭狠狠抽打。淳安知县海瑞听说后，马上赶到驿站，见光天化日之下竟有如此无法无天之举，顿时义愤填膺。他大喝一声："住手！"立即命令给驿吏松绑。

胡公子的手下见"半路杀出了程咬金"，呼啦一下把海瑞团团围了起来。胡公子趾高气扬，挥着马鞭说："你知道大爷是谁吗？"

海瑞理直气壮、义正辞严，指斥道："不管你是谁，都不准在我管辖的地方胡作非为！"

胡公子手下的家丁威吓说："狗官，你瞎了眼！这是胡总督胡大人的公子！"

海瑞一听，冷冷地说："哼，以往胡大人来此巡查，命令所有地方一律不事铺张。今天看你们如此行装威盛，如此胡作非为，显然不是什么胡大人的公子，定是假冒的！"说时迟那时快，海瑞挥手喝令将胡公子捉下，驱逐出境，并把他沿途勒索的金银财物统统充公。

事后，海瑞马上给胡宗宪修书一封，一本正经地禀告说："有人自称胡家公子沿途仗势欺民。海瑞想胡公必无此子，显系假冒。为免其败坏总督

清名，我已没收其金银，并将之驱逐出境。"

胡宗宪是一代抗倭名将，他收到信后并不怪罪海瑞。就这样，海瑞巧妙地制服了胡公子的巧取豪夺。

海瑞刚正不阿，在老百姓当中流传着这样一段称颂他的歌谣："海刚峰，不怕死，不要钱，不吐刚茹柔，真是铮铮一个汉子！""不吐刚茹柔"，意思是不吐出硬的、吃下软的，高度评价了海瑞不吃软怕硬的硬骨头精神。

海瑞历任知县、州判官、尚书丞、右金都御史等职。无论在哪个职位上，都为政清廉，洁身自爱。为人正直刚毅，职位低下时就敢于蔑视权贵，从不谄媚逢迎，一生忠心耿耿。明世宗皇帝在位时间长了，不去朝廷处理政务，深居在西苑，专心致志地设坛求福。总督、巡抚等边关大吏争着向皇帝贡献有祥瑞征兆的物品，礼官总是上表致贺。朝廷大臣自杨最、杨爵得罪以后，没有人敢说时政。海瑞对此十分不满，在嘉靖四十五年二月时单独上书，将嘉靖皇帝所犯的错误全部数了出来。在此之前，他事先在棺材铺里买好了棺材，并且将自己的家人托付给了一个朋友。皇帝读了海瑞上书，十分愤怒，把上书扔在地上说："快把海瑞抓起来，不要让他跑掉了。"

宦官黄锦说："海瑞这个人向来有傻名。听说他上书时，自己知道冒犯该死，买了一个棺材，和妻子诀别，在朝廷听候治罪，奴仆们也四处奔散没有留下来的，是不会逃跑的。"

皇帝听了默默无言。过了一会又读海瑞上书，一天里反复读了多次，为上书感到叹息，只得把上书留在宫中数月。感慨地说："这个人可和比干相比，但朕不是商纣王。"

那时，正遇上皇帝有病，召来阁臣徐阶议论禅让帝位给皇太子的事，便说："海瑞所说的都对。朕现在病了很长时间，怎能临朝听政。"又说："朕确实不自谨，导致现在身体多病。如果朕能够在偏殿议政，岂能遭受这个人的责备辱骂呢？"

于是皇帝下令把海瑞关进牢狱。过了两个月，世宗皇帝死了，明穆宗继位，下令释放海瑞出狱。提牢主事听说了这个情况，认为海瑞释放后仍会被任重用，就办了酒菜来款待海瑞。海瑞自己怀疑应当是被押赴西市斩

首,就吃喝起来。提牢主事说:"皇帝已经死了,先生现在即将出狱受重用了。"

海瑞说:"确实吗?"随即悲痛大哭,马上吐出吃着的食物,在吐的时候,旁边和他吃饭的狱卒都搞不懂怎么回事儿,吓得赶紧躲到旁边。之后被释放出狱,官复原职,不久改任兵部。提拔为尚宝丞,调任大理寺。

后来,因为海瑞过分正直,有些人虽然敬仰海瑞的严峻刚直,但是也因他的这种刚性格得罪不少人,让他备受排挤,得不到重用,于是海瑞罢官回家了,16年后,直到海瑞72岁时才重新得到重用,后来海瑞死在了任上,成就了他一生清官的美名。

海瑞没有儿子,只有一个女儿,但在5岁时因为接受一个男人给的一张饼,让海瑞以"男女授受不亲"为名,将女儿禁闭致死。纵观两千年封建史,未曾见此绝情之举,但是海瑞却做到了。所以海瑞临死时,身边没有一个亲人。手下的人问海瑞有什么遗言,海瑞说:"将5钱柴禾钱还给户部吧,我经过自己测量后,户部多给了5钱柴禾钱。"如此遗言,在历史上也是千古绝唱。

海瑞去世后,南京都察院佥都御史王用汲去追悼,看见海瑞的家里一贫如洗,用的是用布制成的帏帐和破烂的竹器,这些用品在当时贫寒的文人家也不会使用的,可是海瑞如此官员家里却用着,不仅感伤地放声哭了起来,然后凑钱为海瑞办理丧事。

海瑞被皇帝谥号忠介。海瑞一生居官清廉,刚直不阿,清廉正直,深得民众的尊敬与爱戴,在南京当吏部尚书时就被民众称赞甚至拿他的画像当门神。海瑞的死讯传出后,当地的百姓如失亲人,悲痛万分。当他的灵柩从南京水路运回故乡时,长江两岸站满了送行的人群。很多百姓甚至制作他的遗像,供在家里。南京的百姓更是罢市送别海瑞,穿着孝服的人站满了两岸,祭奠哭拜的人百里不绝。

作为一代清官,海瑞的事迹被广为传诵。1959年4月,毛泽东主席针对干部中不敢讲真话的问题,提倡学习海瑞"刚正不阿,直言敢谏"的精神。关于他的传说故事,民间更广为流传。后经文人墨客加工整理,编成了著

为了公平正义比太阳还要有光辉

名的长篇公案小说《海公大红袍》和《海公小红袍》,或编成戏剧《海瑞》、《海瑞罢官》、《海瑞上书》等。明代著名的思想家李贽对海瑞的评价:"先生如万年青草,可以傲霜雪而不可充栋梁",这种评价真是入骨三分。

逐梦箴言

海瑞用一生仕途经历,用一生的清贫,展现了一位清官的高大形象。他不向强权低头,智斗贪官,为民伸冤,屡破奇案;他抬棺骂嘉靖,用治水、反腐、倡廉、罢官等经历勾勒出一个居官清廉、刚正不阿、忠心耿耿、爱民护民的清官形象。海瑞和包拯一样是中国历史上清官的典范、正义的象征。他们的清官形象和清廉故事,都令人肃然起敬,感叹不已。

知识链接

禀生

禀生:古时科举制度秀才分为三等:成绩最好的称为"禀生",由国家按月发给粮食;其次称为"增生",不供给粮食;三是附生,即:才入学的附学生员。

道德洁癖

道德洁癖是指在道德上面极端苛刻,不承认人的基本的生理、心理上的需求,在道德上不允许有一点的"不道德",不然的话就反应过度,甚至反目成仇。

■ 法医学鼻祖宋慈

宋慈，字惠父，汉族人，生于南宋孝宗淳熙十三年（1186年），与理学大师朱熹同乡，都是建阳（今属福建）人。曾在十多个地方任地方官，但多是负责"刑狱"，一生经办案件数不胜数。是我国古代杰出的法医学家，被称为"法医学之父"，著有《洗冤集录》五卷。此书是其一生经验、思想的结晶，不仅是中国，也是世界第一部法医学专著，比意大利人佛图纳图·菲得利写成于公元1602年的同类著作要旦350多年，西方普遍认为正是宋慈于公元1235年开创了"法医鉴定学"，是法医学的鼻祖。

宋慈出身在一个朝廷官吏家庭，他的父亲名叫宋巩，曾做过广州节度使，因此，宋慈有机会与当时有名的学者交往，在少年时，就拜朱熹的弟子吴稚为老师，受朱熹理学思想影响很深。又与当地名流学者杨方、黄干等交往，咨询经典，广记博览，颇能融会贯通，是当地有名的才子。在很小的时候就有"小吏出身有志济民"的思想。

宋慈20岁时，进入太学读书。太学是中国古代的大学，太学之名始于西周。汉代始设于京师。宋慈在太学读书时，史籍称他"善辞令，据案执笔，动辄千言"，可见，他的口才和思维都是非常优秀的，那时候，宋慈非常喜欢诸葛亮的著作，他写下"治世以大德，不以小惠"自勉。当时主持太学的真德秀是著名的理学家，真德秀发现宋慈的文章出自内心，流露出的感情真挚，因此，对他十分器重。宋慈的师友，对于他学业的进步与后来的思想有很大的影响。

宋慈31岁考时中进士,开始了仕宦生活。那时南宋已江河日下,外有蒙古军连年南侵,内有贾似道等奸臣当道。当时江西南安、福建汀州、邵武等地发生农民起义,宋慈忠诚于封建统治阶级利益,率官兵镇压,因平义军有功,改任长汀县令。

宋慈49岁任南剑州行政官,办事精明仁爱,深得民心。遇上浙江西部遇饥荒,他深入民间调查灾情,了解当地豪强巨室,不但逃避赋税,还趁天灾囤粮,弄到"米斗万钱"的地步。他便上书宰相李宗勉,请求实行救济。朝廷采纳了他的建议,颁布了法令,打开富豪的粮仓,分给农户,并减免租税,使百姓顺利地度过了灾荒。

嘉熙三年,宋慈53岁,任广东提点刑狱(掌管刑法狱讼的官吏)。在这以前,那里的官吏多不作为,积留大量狱案。他一到任,便着手处理大批悬案积案,调查现场,验证材料。宋慈办案严肃认真,执法如山,而且不畏权贵,决事果断,经8个月的检查,处决了一批犯人,昭雪了一批屈打成招的冤命案,解决了一大批疑案、积案,铁面无情地惩处了一些贪赃枉法的基层执法狱吏。他在百姓中赢得了好名声,群众颂之为"清官"。

不久,宋慈改任江西提点刑狱兼知赣州。每到农闲,这里便有盐贩子武装贩盐,搔扰江西、福建、广东沿途州县。宋慈严加惩治,使道路畅通、秩序安定,民心大服。此情呈报朝廷,受到重视,下达浙江西部诸州县仿效执行。

此后宋慈考察广西刑狱工作,不辞辛劳,不避污秽,亲自深入各地,考查现场,从不敢轻忽怠慢。一次路旁出现一具尸体,遍身被镰刀砍伤十余处。经传讯死者的妻子,得知死者生前曾与一个借债人发生口角。宋慈便对借债人附近的居民说:"将各家所有镰刀都拿来,只今呈验。如有隐藏,必是杀人贼。"

一下子居民上交镰刀七八十把,都陈列在地上。这时正是盛夏,镰刀前蝇子乱飞。

宋慈说:"镰刀上本来没有蝇子,可是因为杀人血腥气犹在,所以蝇子才会飞来,这就说明镰刀的主人就是杀人的凶手……"

宋慈的一番推断，让在场的居民心服口服，杀人者更是当众叩首伏罪。

公元 1245 年左右，宋慈任湖南提点刑狱官。任职期间他听讼清明，决事果断，对百姓施以恩泽，对豪强施以权威，以至穷乡僻野，深山幽谷之民都知道宋提刑的大名，因而所到之处，地方官吏和豪强缙绅等人不敢为非作歹。他对狱事能够采取审之又审的严肃态度，比较实事求是，以民命为贵，这在封建法官中是少有的。

宋慈在 20 多年的仕宦生涯中，为官清廉，生活朴实，一生无其他嗜好，唯爱收藏异书名帖，喜金石刻。晚年更加谦虚谨慎，爱惜人才，虽是后生晚辈，凡有一技之长，他都要提拔引荐。特别是在他年老有病在身时，一切公务都亲自审察，一丝不苟，慎之又慎。

宋慈特别重视法医的检验工作，在法医学上取得了伟大成就，他采撷了前人著作如《内恕录》、《折狱龟鉴》等书中有关记载，参以自己的实践经验，吸收了当地民间流传的医药知识，于公元 1247 年编辑了 5 卷本《洗冤集录》一书，用以指导狱事的检验。《洗冤集录》对于毒理学也有很多贡献，书中记载了各种毒物中毒的症状，及有关检验毒物的方法。还记载了用滴血法认定是否为直系亲的鉴定，此方法含有血清检验法的萌芽，无疑对后世的血清检验法提供了经验。

宋慈的《洗冤集录》可称为我国现存最早的一部比较系统的法医专著。《洗冤集录》被誉为世界上最早的法医学专著，是中国法医学的里程碑，被后世誉为古代第一名法医学家，世界法医学奠基人。

宋慈 64 岁死于广州经略安抚使的任所，宋理宗亲自为其书写墓门，凭吊宋慈功绩卓著的一生。

逐梦箴言

　　他被后世誉为"世界法医学奠基人",他曾在《洗冤集录》序里的开头语里大声疾呼,告诫一切司法人员都要严肃认真地对待自己的职业。他一生四次担任高级刑法官,他鞠躬尽瘁集一生心血编撰《洗冤集录》,在中、外医药学史、法医学史、科技史上留下光辉的一页。他求实求真的科学精神,至今仍然熠熠闪光,对后世影响深远。

知识链接

法医鉴定学

　　法医鉴定学,是指应用在法医学的知识和技能对诉讼案件涉及的活体或尸体及其生物源物质等进行检验并做出判断。是最常见的具法律效力的特殊证据。

朱熹

　　朱熹(1130 年 9 月 15 日—1200 年 4 月 23 日)字元晦、一字仲晦,号晦庵、晦翁、考亭先生、云谷老人、沧州病叟、逆翁。汉族,祖籍南宋江南东路徽州府婺源县(今江西省婺源),出生于南剑州尤溪。19 岁进士及第,曾任荆湖南路安抚使,仕至宝文阁待制。为政期间,申敕令、惩奸吏、治绩显赫。南宋著名的理学家、思想家、哲学家、教育家、诗人、闽学派的代表人物,世称朱子,是孔子、孟子以来最杰出的弘扬儒学的大师。

智慧心语

法律解释者都希望在法律中寻获其时代问题的答案。

——拉伦茨

立法者三句修改的舌，全部藏书就会变成废纸。

——基希曼

法律的真理知识，来自于立法者的教养。

——黑格尔

解释法律系法律学之开端，并为其基础，系一项科学性工作，但又为一种艺术。

——萨维尼

法律是人类为了共同利益，由人类智慧遵循人类经验所做出的最后成果。

——强森

我的未来不是梦

第九章

担当时代使命　书写人生篇章

为了公平正义比太阳还要有光辉

◦导读◦

　　人生须知负责任的苦处，才能知道有尽责的乐趣。一个人的生命只有和崇高的责任联系在一起时，才能彰显出真正的意义。所以，要在童年时期就积累丰富的知识，珍惜学习机会，珍惜青春年华，才能勇挑起重担，不负重托，才能为将来的成功打下坚实的基础——

■ 中华法官鼻祖皋陶

　　法不是从来就有的，而是人类社会发展到一定历史阶段才出现的社会现象。它是在原始社会逐渐解体的基础上，取代氏族社会世代相传的习惯而产生的。自从有了法之后，就有了法的执行者法官，皋陶被史学家和司法界尊为中国"司法鼻祖"。他的"法治"和"德治"思想与今天的"依法治国"、"以德治国"有着历史渊源关系。

　　皋陶不仅是一个法律的制定者，还是一个审理案件的法官，他秉持公正，断案如神。他生活的年代，是我国原始社会向阶级社会过渡的最后阶段，正处于文明时代的门槛。皋陶对联盟制度和文化方面的改革做出了重大的贡献。

　　皋陶，名庭贤，字聩、庭坚，祖辈追随高阳之子颛顼退守西隅，因颛顼朝的大臣被掳，皋陶的家族被降格为奴隶。皋陶的父亲年轻时，做着冶陶烧陶的生意，由于他勤勉好学谦恭知礼、做事非常稳重，方圆几十里的人都非常喜欢他。一次，他外出去送烧好的陶器，走到在蟒河时遇到了一个采桑女，顿时两人心生爱慕。这个女子是颛顼氏族人，名叫女修，长得非常漂亮，会丝织技艺，是颛顼氏的织丝高手。可是碍于皋陶的父亲是奴隶的身份，不能与这个女修成婚，所以他们只能互相祝福，但不能谈婚论嫁。

　　但是自从女修对皋陶的父亲有了好感之后，她就总爱往去窑厂，后来他们非婚生下了皋陶。皋陶生得面长如削瓜呈青绿色，口阔如马嘴，长得其貌不扬，甚至有些怪异，一看就是个与众不同的孩子。

在皋陶8岁时,女修就病死了,女修的母亲给了皋陶一大包好吃的,抚摸他的头说:"这就是你的命啊?去接受你的命运吧。"

8岁的皋陶茫然不解其意,母亲死了他很难过,但想到以后跟着父亲会慢慢好起来的,皋陶说:"我以后会坚强的,不会再哭了。"

皋陶回到了父亲身边,他接受了命运的安排,一边思念母亲,一边勤快地干活,特别是知道自己的奴隶身份后,原本一个结实的小孩子变得越来越瘦了,越来越沉默了。

皋陶在辛勤工作中发明了快轮制陶法,将制陶坯的速度提高了五六倍,省时省力而且器物更加轻便美观,而且质地细密结实。快轮法制出的器物一经推出,大受好评,帝尧知道以后大为褒奖,特赦皋陶脱离奴隶的身份。

消息传来,最高兴的是皋陶的父亲,他的儿子出息了,自由了,挽救家族衰落的命运就系在了儿子身上,现在让他看到了希望,自己可以告慰祖宗了。可是,皋陶心里却很不是滋味,因为帝尧只赦免了皋陶一人,皋陶的父亲还是奴隶之身,而且已经百病缠身,他知道父亲不能脱离奴隶身份将是终生的遗憾。

皋陶拼命地工作,将自己制陶新技术无偿地教授给其他人,使得帝尧治下制陶产业兴旺发达,成就帝尧陶唐氏的美名。由此立下大功,终于换来帝尧对皋陶父亲的推恩特赦。

皋陶满心欢喜地带着好消息回到父亲身边,可见到的却是最后一面,父亲带着满足的笑容离开了人世。

从那以后,皋陶成了尧的忠实拥护者。后来,尧禅让给舜,舜任命皋陶为士官,此职位相当于后来的大理寺卿和现代的最高法院院长或司法部长。

舜对皋陶说:"皋陶啊,现在少数民族不断侵犯中原,抢劫的寇和杀人的贼内外并起,我任命你为士官,领导部落同苗蛮族作战和处理族内犯罪问题,你觉得如何?"

皋陶说:"我愿意为部族效劳,但鄙人才疏学浅,难以担当如此重任。"

舜说:"没有关系。只要你记住以下施法的原则和要求,就一定能把法官做好。对于应当处墨、劓、刖、宫、大辟五种刑罚的犯人,要各服其罪,但在执行刑罚的时候,要分不同的情况进行处理。严重犯罪的要流放到遥远的少数民族地区,犯较严重罪的要流放到九州之外,一般犯罪的要流放到千里之外。只要你能明察秋毫,正确定罪量刑,就能使罪犯信服。你现在明白了吧?"

皋陶回答说:"请放心,我一定会遵循这些原则尽职尽责地去做。"

果然,皋陶没有辜负尧的期望,他在做大法官期间,用一种神兽帮助自己判案。只要遇到不能断的案子,他就把神兽牵来,这神兽长得像马,又像羊,还像鹿和熊,如果神兽顶撞犯罪嫌疑人,就说明有罪;如果神兽不触碰犯罪嫌疑人,就说明他无罪。依靠这只神兽,皋陶不枉不纵,不偏不倚,严格执行各种法律,做到了罪、责、罚相当。这种方法,很像现在的"警犬"破案法。后来,皋陶被推崇为中国法官的始祖,他的那头神兽也就成了日后法官的象征。

在实施法律的过程中,皋陶还制定了许多行之有效的法规,他创刑律,造监狱,用以惩治天下罪恶,使违法犯罪之人都被绳之以法,他创建了包括"五教"、"五礼"、"九德"等内容的"皋陶文化",为整个部落的安定作出了杰出的贡献。

皋陶与尧、舜、禹齐名,被后人尊为"上古四圣"。禹根据皋陶的品德和功劳而举荐他为继承人,并授政于他。但皋陶未继位即去世,禹便把英、六一带封给其后裔。唐玄宗以李氏始祖皋陶为荣,于天宝二年(公元 743 年)追封皋陶为"德明皇帝"。

为了纪念皋陶,后人修建了皋陶墓和皋陶祠。春秋以来,人们把皋陶神位供于狱中,皋陶为狱神,也就传沿至今。

为了公平正义比太阳还要有光辉

他用自己有智慧、勤劳和汗水，摆脱了出生低贱的奴隶命运；他创刑律，造监狱，在加强部落、部族间的政治、经济、文化的联系和融合，促进国家的产生方面都发挥了显著的作用，他是中华五千年文明创始者之一；他的思想是儒家学术思想的重要源头之一；他的文化是中华民族传统文化的瑰宝，是留给后人宝贵的精神遗产。

奴隶

奴隶，就是为奴隶主劳动而没有人身自由的人，可以被奴隶主随意杀死或买卖；完全听从于某种具有支配力量的影响的人；不能自主的人。

鼻祖

鼻祖，就是始祖，比喻创始人。是指有世系可考的最初的祖先；指某一学派或某一行业的创始人；指最早出现的某一事物。

■ 梅汝璈——东京大审判的中国法官

1949 年 12 月，在中国人民外交学会成立大会上，周恩来总理介绍应邀出席会议的梅汝璈说："今天参加这个会议的，还有刚从香港回来的梅汝璈先生，他为人民办了件大好事，为国家争了光，全国人民都应该感谢他。"全场报以热烈的掌声。原来，1946 年 5 月至 1948 年 12 月，梅汝璈代表中国出任远东国际军事法庭法官，参与了举世闻名的东京审判，对第一批 28 名日本甲级战犯的定罪量刑工作做出了突出的贡献。

梅汝璈，字亚轩，1904 年 11 月 7 日出生在江西省南昌市郊区朱姑桥梅村，也就是现在南莲路南昌铁路南货场附近。朱姑桥梅村是一个有着悠久历史的小村，到处是明清建筑，那里的文化积淀可以追溯到汉唐，是一座古风遗韵江南小村。但在 20 世纪初，这里还处于相对封闭的状态，经济不够发达，思想文化也不够开放。

但是，在这里出生的梅汝璈的父亲梅晓春却是一位头脑清醒、见识高超的开明人士。他在 1891 年 6 岁时牧牛两年，8 岁入私塾学习 5 年，后来从事农业生产 3 年，又读书 3 年，1907 年考取江西陆军测绘海陆军测绘学校，在那里学习 3 年后，又到北京模范测绘学校学习两年。他曾远到新疆伊犁参加了中俄边界勘测工作。

梅汝璈是家中的长子。在 1912 年，梅汝璈 8 岁时，父亲梅晓春任江西测量局地形科长和教员职务。梅晓春的学历、阅历使他在当时具有了新思想、新目光。他敏锐地感觉到时代在飞速变化，他说："要想让自己的孩子

成为有用之材，就不能抱残守缺，不能再让他们受旧式受教育。尽管当地人都鄙视洋学堂，但是我还是要把长子梅汝璈送到了南昌市内的江西省模范小学读书。"

虽然，在接受教育方面，梅晓春是个开明的父亲，但是在家教方面，他又是一个极其严厉的父亲，从梅汝璈小时候起，每日必须早早起床到外面拾捡猪粪、牛粪，作为农田的肥料。

一天早上，梅汝璈出去拾粪很久都没有回来，妈妈不放心出去找他回来。可是到了大路上，远远就看到梅汝璈坐在地上"歇息"。

妈妈不高兴了，大声喊："你真不懂事，在这里'偷懒'，害得我着急出来找你。"

小梅汝璈听到妈妈的喊声，急忙挥动手中的书说："我是坐在这里看书，忘了应该回家了。"

原来，小梅汝璈自幼聪颖好学，每日外出拾粪时，总要带本一本英语书，一边拾粪一边苦读，常常到了忘我的境界。

1916年，12岁的梅汝璈又在父亲的坚持下，以优异的成绩考取了北京清华学校。在当时，一些富贵的人家不愿意让子女远走他乡读书，而年幼的梅汝璈却要千里迢迢地独自外出求学，不免在引起不少的猜疑和议论。

1917年，梅汝璈家当时比较富裕，又因为他父亲梅晓春是当地有名的测量专家，他们家修建了一座池塘，在他们家豪宅大屋后面还有一大片树林，那里是家中的后花园，梅汝璈每次从北京清华学校回家时，每天早晨都要到后花园去读书。

在北京清华学校读书时，梅汝璈的家境在同学中算是清苦的。那时候他穿的一件小棉袍，随着年龄增长，已经补长了三次。但这时梅汝璈学习却是刻苦的，每天清晨，在清华园"水木清华"匾额之下，便会出现他读书的身影。一开始他的英语水平不好，但是他起早贪黑地补习一段时间后，他的英语水平不但赶上了同学，而且还处于领先的地位。

在北京清华学校读书的8年中，梅汝璈的学习成绩始终保持优秀。在此期间，梅汝璈在《清华周刊》发表多篇文章，如第286期的《清华学生之新觉悟》、第 295 期的《辟妄说》和第 308 期的《学生政治之危机及吾人今后应取之态度》等，表达出其年轻时代的忧国忧民之心。

那时的梅汝璈因为文章写得好，还担任了清华学校校刊的主笔；他在学习上表现出来的顽强奋斗精神，更让人佩服和称赞，他在洋学堂里学到了知识，为他日后完成国际大法官的任务奠定了坚实的基础。

1924 年梅汝璈清华毕业后，赴美国留学；1926 年获得文学学士学位后，进入芝加哥大学法学院学习；1928 年获得法律博士学位；1929 年归国后曾任教多所大学，曾任行政院院长宋子文、外交部部长王世杰的助手。

在任教期间，梅汝璈在强调"法治"重要性的同时，还经常以清华人"耻不如人"的精神勉励学生。他谆谆告诫学生："清华大学和山西大学的建立都与外国人利用中国的'庚子赔款'有关，其用意是培养崇外的人。因此我们必须'明耻'，耻中国的科技文化不如西方国家，耻我们的大学现在还不如西方的大学，我们要奋发图强以雪耻。"

1945 年 8 月 15 日，日本天皇宣布无条件投降。9 月 3 日中、美、英、苏正式受降，抗日战争和反法西斯战争取得胜利，梅汝璈博士作为我国法学界权威，被任命为我国参加"远东军事法庭"的首席审判官。他当时在日记中写道："如果这些日本战犯不能被判处死刑，我只能跳海以谢国人。"悲壮之情由此可见。

梅汝璈在远东国际军事法庭任中国代表法官，参与第二次世界大战后，审判日本对亚太地区引发大规模战争和伤害所应负的责任。他代表我国受害的 4 亿多同胞远赴东瀛参加东京大审判，在侵略者的国度对侵略者实行正义的审判，他在"东京审判"上显示了一个铁血知识分子的巨大道义感和正义感。

1950 年，梅汝璈担任外交部顾问。1954 年当选全国人大代表和人大法案委员会委员。此后，历任第三、四届中国人民政治协商会议全国委员会委员，以及世界和平理事会理事、中国人民外交学会常务理事、中国政法学会理事等职，为中国的外交事业和法制建设做出了积极的贡献。

1973 年，遭受文革迫害的梅汝璈怀着对未能写完那本《远东国际军事法庭》巨著的遗憾，默默地离开了人世。1976 年，他的家属遵嘱，将他在东

我的未来不是梦

京大审判时穿过的法袍和判决书底稿无偿捐献给国家,希望能作为历史的见证,警示后人永远不要忘记过去的那段岁月。

逐梦箴言

他被称为肩膀最硬的中国人;他代表中国人民参与东京军事法庭审判,不仅为中国人民赢得了正义,而且还确立了国际法上对侵犯和平罪、反人道罪的司法准则,对国际法的发展和维护国际正常秩序起到了历史性的作用;他改写了一段历史,这段历史一直影响中日两国的关系;梅汝璈,他是铭刻历史的中国法官,是我们永远不该忘记的人。

知识链接

东京审判

东京审判,指 1946 年 1 月 19 日至 1948 年 11 月 12 日在日本东京对第二次世界大战中日本首要战犯的国际审判。远东国际军事法庭由中国、苏联、美国、英国、法国、荷兰、加拿大、澳大利亚、新西兰、印度、菲律宾各 1 名法官组成,共 11 名;11 国又各派检察官 1 人。澳大利亚法官 W·F·韦布任庭长,美国律师 J.基南任检察长。

庚子赔款

庚子赔款,1900 年(庚子年),义和团运动在包括北京在内的中国北方部分地区达到高潮,大清帝国和国际列强开战,八国联军占领了北京紫禁城皇宫。1901 年(辛丑年)9 月,中国和 11 个国家达成了屈辱的《解决 1900 年动乱最后议定书》,也就是中国史称的《辛丑条约》。《辛丑条约》规定,中国从海关银等关税中拿出 4 亿 5 千万两白银赔偿各国,并以各国货币汇率结算,按 4% 的年息,分 39 年还清。这笔钱史称"庚子赔款",西方人称为"拳乱赔款"。

■ 王铁崖 国际法学界"长青树"

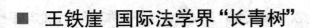

2003 年 1 月 17 日上午 9 时，北京八宝山革命公墓第一告别室庄严肃穆，在贝多芬《英雄交响曲》中，法学家王铁崖先生静静地仰卧在水晶棺里，接受同事、朋友、学生和景仰他的人们的最后送别。

一位法学教授说："作为中国国际法学界的一面旗帜，王铁崖代表了一个时代。他的逝世，意味着中国国际法学一个时代的结束。"

在中国法学界，王铁崖是个响当当的名字。1993 年，在王铁崖先生 80寿辰之际，加拿大著名国际法教授麦克唐纳主编出版了一本《王铁崖纪念论文集》，其中收录了 26 个国家和地区的 58 名世界著名国际法专家、学者的学术论文作为礼物。王铁崖说："这是我一生中所获得的最高的殊荣。"实际上，这份荣誉也代表世界对于中国国际法研究的认可。他以 80 岁高龄组织翻译巨著和编写宏大国际法词典而被称学术界称为"常青树"。

王铁崖，作为第一位被邀请走上海牙国际法学院讲坛的中国人，世界国际法研究院建院 100 多年来第一位中国院士，他为中国争得了极大的荣誉。美国一位法学家说："认识了王先生，我才真正看到了中国的法学研究和研究人才。"

王铁崖，原名庆纯，笔名石蒂，1913 年 7 月 6 日出生在福建省福州市一个士绅之家，10 个兄弟姐妹中他是最小的，进入中学前改名"铁崖"。

王铁崖的父亲王寿昌，早年留学法国，就读于巴黎大学政治学院法律系。辛亥革命后，王寿昌任福建省外交事务专员。王寿昌在日本帝国主义

对福建省扩张时,上书中央,痛斥"廿一条"对中国主权的侵犯,幼年的王铁崖深受父亲的影响,从父亲那里接触到了大量西方进步刊物,使他从小就坚定了自己的理想:要子承父业,立志要从事法律工作,要用法律维护国家的尊严。

王铁崖的父亲虽然接受了进步思想,但对子女的教育却很传统。在王铁崖 12 岁之前,一直在家中接受私塾教师授课。1925 年,因时局的变更,王铁崖的父亲官职被罢免,家境逐渐衰落。因为经济条件不允许,父亲只好将私塾教师辞退,送王铁崖进入由西方传教士办的学校上学。

后来父亲又去世了,全家仅靠母亲一个人挣钱度日,王铁崖又从贵族教会学校转到公立学校继续求学。诸多家庭变故的打击并未动摇王铁崖的求学之心,他变得更加勤奋上进了。

王铁崖高中毕业后,考入上海复旦大学。他深受父亲的影响在复旦由西语系转修政治系。

为什么要学"政治",王铁崖说:"上高中时,我目睹了自己的老师因是'共党'而被杀害,让我对国民党产生了憎恨,并暗下决心一定要追随共产党……"

于是,进入复旦大学后,王铁崖在课下组织出版抗日进步刊物"闽潮",出版了两期之后便被校方查禁了。由于对上海各个院校学术空气的不满,1931 年他经过考试转到北平的清华大学。不久"九一八事变"爆发,他参加了学生救国运动,但对于学业他一天也不曾放松。1933 年王铁崖毕业时,因成绩优异而深造研究生,攻读国际法专业。三年的研究生生活虽更为紧张,但对于学识的积累和日后的研究却受益匪浅,他在通过严格的论文答辩后,获得了法学硕士学位,实现了多年想要继承父业的心愿。

在王铁崖求学的 30 年代,设有国际法专业的学院并不多,但对于这个冷门专业王铁崖却情有独钟。在获得了硕士学位之后他并未停步不前,由于国内的教学方法已十分陈旧,王铁崖准备去国外深造。1936 年他参加了"庚子赔款"中美奖学金的考试,国内只此一人。后来他前往英国伦敦大学政经学院留学,成为英国著名学者罗德柏的弟子,获得博士学位之后,他便

一心准备报效祖国,开始了他长达 60 年的法学教授生涯。

新中国成立后,王铁崖获得了一展才华的机会,他参与了中国第一部宪法——"共同纲领"的起草。后来,他被划为"右派",批斗、改造、下放的日子足足有 10 年,虽然历经坎坷,但他对国际法学的研究却始终没有中断。

1981 年,王铁崖当选为国际法研究院副院士,1987 当选为正式院士,院士、副院士总数限定 132 名,王铁崖是第一位中国籍院士;1988 年在美国洛杉矶召开的"建立国际刑事法庭基金会"上,授予他"著名国际法学者"的"名誉奖状";1997 年 5 月 2 日,他当选国际法院大法官,这既是国际社会对中国国际法研究水准达到国际领先的承认,也是对他在国际法领域辛勤耕耘 60 载所付出的心血与艰辛的回报。

逐梦箴言

他子承父业人生选择了法学专业,他一辈子都在为追求一条有中国特色的国际法体系之路而求索;他著作等身,讲稿收入《海牙国际法演讲集》,成为中国国际法学者获此殊荣的第一人;作为中国国际法的领军人,作为法学界的泰斗,他是当代国际法领域的大学问家、教育家、社会活动家,是中国国际法学界的一面旗帜、一代宗师。

知识链接

院士

院士是某些国家所设立的科学技术方面的最高学术称号,一般为终身荣誉。院士在中国原来称为学部委员,就是在某一领域内的资深专家。现在的院士评选需要提名,提名资格一般

知识链接

为：国家科技进步二等奖，自然科学二等奖以上；需要经过大概三轮评选才能成为院士。如：中国科学院院士或中国工程院院士。

共同纲领

共同纲领是指政党或集团之间，在一定时期内，为统一行动，经过协商而制定的共同遵守的奋斗目标和方针政策。它是这些政党或集团统一行动的政治基础；共同纲领特指《中国人民政治协商会议共同纲领》。这个纲领是在中国共产党领导下，中国人民政治协商会议于 1949 年 9 月通过的。它是《中华人民共和国宪法》制定以前的建国纲领，起了临时宪法的作用。

用爱创造奇迹的法官詹红荔

为了向党的十八大胜利召开献上一份厚礼,最高人民法院影视中心以福建省南平市延平区人民法院党组成员、少年审判庭庭长詹红荔同志为原型,出品电影《南平红荔》。影片主人公詹红荔,从事法院工作 27 年,在少年审判庭工作十多年间,所审结的 500 多个未成年人犯罪案件,无一发回重审、无一错案、无一投诉、无一上访,成功感化帮教了 1 100 多名少年犯走向新生,挽救了 70 多个濒临破碎的家庭。这部以法院为题材的主旋律作品上映后,真实感人,展示了人民法官"爱民为民、情铸和谐"的精神风貌。

詹红荔说:"当法官办好几个案件不难,难的是用爱心帮助他们重塑人性。如果冷漠和不耐烦,只会让受伤的心灵再次蒙霜。作为一名少年审判法官,我的本职工作是以最大努力去展现法院徽章所彰显的公平正义,去维护每一个走进法庭的孩子的正当权益。"正如她说的那样,作为一个人民法官,无论庭内庭外,如果有需要,她都责无旁贷;作为一名共产党员,无论分内分外,如果有需要,她都义无反顾——

詹红荔,1963 年 11 月出生在福建省,1979 年 11 月,只有 16 岁的她走上社会,成了南平市工业学校的一名职工,在这里,她一边工作,一边学习,4 年后,她转入建阳市蓄电池厂工作,一年后,也就是 1984 年 6 月,31 岁的她转入建阳市人民法院工作,成了一名书记员,从此她与"法"结缘,拉开了她在司法战线演绎精彩人生的帷幕。

1992 年 7 月,詹红荔光荣地成了一名共产党员,并完成了在职大学的

学习,同年 10 月,在她从事书记员工作 8 年后,被调整到建阳市人民法院助审员工作岗位。1995 年 10 月,她调到南平市延平区人民法院担任助审员,无论在书记员还是助审员岗位上,她都为能早日成为一名法官而不懈地努力着。

直到 1999 年 7 月,詹红荔事业上才迎来了又一次的转机,她成了南平市延平区人民法院审判员,从此,她可以认真履行《法官法》规定的职责,按分工主审本院所管辖的案件和上级法院指定管辖的案件。在审判工作中,她忠实于法律,忠实于事实真相,做到清正廉洁,她认真阅卷、审查案卷有关材料,制作阅卷笔录,收集、调查和分析证据,使庭审活动顺利进行。

2003 年 4 月,詹红荔升职为南平市延平区人民法院少年法庭副庭长,成了一名女法官;2008 年 3 月后任南平市延平区人民法院少年法庭庭长;2010 年 11 月到现在,任南平市延平区人民法院党组成员、少年法庭庭长。在法官的位置上,9 年来,詹红荔用她全心的爱诠释了一名优秀共产党员的高尚情怀,她凭着对人民司法事业强烈的责任感和使命感,用实实在在、点点滴滴的日常工作,交上了一份令人民群众满意的答卷:她审理了近 500 起未成年人案件,涉及 1 140 多人,无一重审,无一错案,无一投诉,无一上访。经她判处非监禁刑的 680 多名少年犯,重新犯罪率不到 3%。她帮助了 315 名失足少年重返课堂、顺利升学,真正做到用爱心去温暖、用真诚去感化、用良知去教育、用行动去挽救,走出了一条运用司法程序,全方位、多层次地维护未成年人合法权益的特色审判之路。

詹红荔说:"案结只是逗号,事了也仅仅是分号,人和才是完美的句号。少年法庭不仅仅是判案,更重要的是挽救每一个失足少年,挽救他们背后的家庭,最大程度地化解仇恨、化解矛盾,增加社会的和谐。"她将少年审判工作不断向庭前、庭后和庭外延伸,用爱托起"折翼的天使",挽救了众多失足少年,化解了众多社会矛盾。

她走进社区、学校、看守所,凝聚社会力量,创新法制教育模式。她用爱心、恒心和公心教育着未成年人,在平凡的工作岗位上做出了不平凡的业绩,受到了人民群众的广泛赞誉,被群众誉为"爱民为民、情铸和谐"的好

法官。

2008年6月，福建省高级人民法院授予她"全省少年审判工作先进个人"；2008年11月，福建省政法委、福建高院、福建省人民检察院和福建省公安厅、司法厅、妇联授予她"福建省优秀女法官"称号。

她恪守着人民法官清正廉洁的底线和本色，始终做到立场坚定、思想敏锐、头脑清醒，保持积极向上的人生态度和乐观心态，保持良好的道德情操和生活情趣；她把群众当亲人，以人民满意为标准，真心真情为人民群众排忧解难，努力找准情、理、法的结合点，真正实现案结事了人和。

2010年12月，她被最高人民法院授予"全国优秀法官"称号；被福建高院授予"全省十佳法官"称号；福建高院为她记个人一等功；同时，她还入选2010年中国文明网"中国好人榜"。

她的先进事迹感人之深、催人奋进，具有鲜明的时代性、有很强的示范性，在新时期、新形势下，更需要像她这样的好法官，把每一项工作岗位都当成奋斗的舞台，把每一项本职工作都作为奉献的机会，履职尽责创先进、立足岗位争优秀，争做一名人民的好法官，在平凡的司法服务岗位上挥洒青春与汗水，谱写为民服务的不朽篇章，为推进法院科学发展做出新的更大贡献。

2011年2月，中华全国妇女联合会、全国"巾帼建功"活动领导小组授予她全国"巾帼建功"标兵称号；2011年5月，中宣部、司法部授予她"2006—2010年全国法制宣传教育先进个人"称号；2011年6月，中央政法委授予她"全国政法系统优秀党员干警"称号；2011年7月，最高人民法院授予她"全国模范法官"称号；2011年9月20日，她获得第三届全国道德模范提名奖；2011年11月11日，詹红荔同志先进事迹报告会在人民大会堂举行；2012年6月，被中组部确定为争先创优全国优秀共产党员100名候选人公示名单之一……

"当你以自己的心，去温暖别人，你会觉得心的太阳，到处向你照耀……"这是著名诗人臧克家的诗，也是詹红荔的座右铭。

"法官除了追求正义，还应该追求快乐：快乐工作，快乐生活。"这是詹

红荔在工作日记中写下的一段话。是啊，她用实际行动昭示了法官的责任、体现了法官的作用，她的先进事迹，充分展现了人民法官公正司法、一心为民的光辉形象。

詹红荔是新时期人民法院推进法官队伍建设涌现出的先进典型代表。她所展现的不仅是一个人的精神境界，更代表着全国法官乃至全国政法干警的整体精神风貌。她用一种执著的精神在平凡的岗位上实现了自己为人处世的诺言，她的兢兢业业、任劳任怨，折射出当代法官不断探索、无私奉献的精神品质。她说："爱是一种精神力量，我坚信爱心可以传递，人与人之间是可以相互照耀、相互温暖、相互激励的，只有把爱内化于心，形成坚定的理想信念，才能让人民群众感受到人民司法的温暖。"

逐梦箴言

她拥着一种对国家对人民的爱，对职业的热爱和对人性的关爱，用爱心诠释了一个少年刑事法官的使命、责任与情怀，用温暖感化、教育、挽救和帮扶失足少年，让他们重新融入社会、感恩社会；她是从基层人民法院走出的中国法官的杰出代表，是一面光辉的旗帜；她体现的是当代中国法官价值观念、司法理念、司法作风和司法行为的凝聚和升华。

知识链接

法官法

在中国，法官法是指管理法官、约束法官行为的法律。在国外，法官法是基于法院的判决而形成的具有法律效力的判定，这种判定对以后的判决具有法律规范效力，能够作为法院

判案的法律依据。法官法是英美法系国家的主要法律渊源,它是相对于大陆法系国家的成文法或制定法而言的。法官法的来源不是专门的立法机构,而是法官对案件的审理结果,它不是立法者创造的,而是司法者创造的。因此,法官法又称为判例法或普通法。

少年法庭

少年法庭是专门处理 16 岁以下少年犯或儿童犯的法庭。除了杀人罪外,如果犯案者为 16 岁以下的少年或儿童,而该案件没有年满 16 岁人一同时被控的话,案件都会交由少年法庭审理。少年法庭亦有权对 18 岁或以下的青少年发出监管及保护令。少年法庭也被称为儿童法庭。

我的未来不是梦

● 智慧心语 ●

我不是复仇主义者,我无意于把日本军国主义欠下我们的血债写在日本人民的账上。但是,我相信,忘记过去的苦难可能招致未来的灾祸。

——梅汝璈

没有信仰的法律将退化成为僵死的教条,而没有法律的信仰将蜕变成为狂信。

——伯尔曼

法律解释者都希望在法律中寻获其时代问题的答案。

——拉伦茨

立法者三句修改的话,全部藏书就会变成废纸。

——基希曼

挽救一个孩子就是挽救一个家庭,化解一个矛盾就是增添一份和谐;少年审判工作的目的,不是惩罚,是要教育帮助那些犯错的孩子醒悟,真诚悔过,重新回归社会;无论如何,法律的红线不能触碰。

——詹红荔

第十章

从色彩纷呈的法学流派
到法官的公平与正义

◦导读◦

　　法学思想最早渊源于春秋战国时期的法家哲学思想,"法学"一词,在中国先秦时被称为"刑名之学",自汉代开始有"律学"的名称。在西方,古罗马法学家乌尔比安对"法学"一词的定义是:人和神的事务的概念,正义和非正义之学。社会的进步,与重视法律问题的知识和理论体系是分不开的。随着人类社会的发展,"法学"慢慢萌芽、发展、壮大起来,法官队伍也日益壮大起来,他们运用"法律"武器,保护人民的合法权益,彰显着公平和正义。

从色彩纷呈的中国法学流派谈法官的颜色

　　所谓法学流派,是指对法学领域中某一重大理论或问题持相同或相近的观点而形成的群体。他们是有相同的价值观和方法论的共同体,他们的观点可以片面,但是必须很深刻。流派应当流芳百世,而非稍纵即逝。只有经过实践与时间的检验,最终默默地在社会实践中体现其价值,在解释现象中蕴含其实用性,在生活中萌发认同感,一个流派才真的形成了,中国的法学流派是色彩纷呈的。

　　一是红派。就是学术上走红,学术理论受到学术界的高度重视,政治上得到宽容,30 来岁就能当上博导的一批法学家。

　　二是黄派。就是能将法学研究的成果转化为极有价值的改革建议,从而有力推动中国的政治、经济以及司法体制改革的法学家。他们善于联系实际,善于运用法学原理进行现实批判,关注民生,力主改革。他们不仅著述丰富,而且分量沉重。在代表作中,往往以黄金般的语言来表达他们的主要观点和主要主张。

　　三是紫派。是指那些比红派法学家更多一层红色的法学家,他们参与改革但不首倡改革,对已有的改革措施和改革理论常从较正统的角度进行解释、论证和宣传。在他们身上往往环绕着一层紫色光环。他们在政治上颇受重视,经常参与重要法律的起草;他们在学术上也很有地位,大多有博导、会长、理事长等的学术职务,全国性的教材也常常由他们主持编写。紫派法学家的另一个特点是:他们对于别人(尤其是青年人)的探索常持批评态度,而他们的批评往往又是以政治批评为主,以学术批评为辅。

　　四是灰派。是指那些埋头于学术研究,不太关心现实生活,较少进行

现实批判，不提具体改革建议的法学家。他们在法学界很出名，但在法学界之外的知名度明显不如黄派和彩派，甚至也不如蓝派和绿派。灰派法学家学术功底深厚，著述甚丰。他们虽然回避现实政治问题，但他们的学术成果往往成为红派人物和黄派人物的学术依据。

五是蓝派。是指竭力主张充分开放、充分借鉴和移植西方法律和西方法学的法学家。走向蓝天和大海是蓝派的基本特点。他们学贯中西，博古通今，思想活跃，思路开阔，倾心于中西法律文化的比较研究，对中国传统的法律文化有深刻的揭示和批判。他们大多出生于 1950 年代末 1960 年代初，与红派法学家是同龄人。与红派不同的是，他们一般不考虑在学术界的社会地位问题，不重视博士、博导等头衔。与红派相同的是，他们一般也不进行太多的现实批判。

六是彩派。是指那些同时具有多种色彩的法学家。彩派法学家不仅学术成果丰富，而且学术组织能力十分突出，社会交往面十分宽广。他们对所有的学派皆能宽容，也为所有的学派所宽容。因此，他们总是五彩缤纷的。在他们身上，黑派可以看到黑，红派可以看到红，紫派可以看到紫，蓝派可以看到蓝，灰派可以看到灰，黄派可以看到黄，白派可以看到白，雾派可以看到雾，绿派可以看到绿。彩派与红派大体上也是同龄人，学术地位略次于红派，政治地位却强于红派，大多兼任高等院校的行政领导职务，不是校长，就是院长，至少也是个副院长什么的。

七是黑派。是指那些被认为是主张全盘西化，在法学界搞资产阶级自由化，在政治上犯过严重错误的法学家。

八是白派。白派人物头脑一片空白，在他们的著作和文章中，以及在他们的课堂上，没有任何属于他们自己的观点和理论，更没有改革或不改革的意见和主张；是以赚钱为主要目的的，学术、学位、职称等，无非是赚钱的手段而已。但平心而论，白派法学家在普及法律知识方面还是有一定贡献的。

九是雾派。也叫变色派，就是无一定色彩，随着气候的变化而变化的法学家流派。该派就如水蒸汽一样，有时会变灰色、白色等其他颜色，什么时髦他们就变成什么。他们和彩派的区别是，彩派在任何时候都是五彩缤纷的，雾

派只在极少的时候才是多彩的。雾派除了在不同的时候制造不同的声势以外，对法学研究和改革事业没有什么实质性的理论贡献。雾派和白派在外表上有些相似，但始终有实质性区别。白派的目的是经济，雾派的目的在于政治。

十是绿派。也可以叫做草派，该派法学家就像绿草一样，一方面生机盎然，另一方面不引人注目，不被法学界重视。草派的特点是，对古今中外的各种法律制度和法学理论一律采取超越的态度，不屑于参加各种"学术"问题和政治问题的讨论和争论。他们在学术上的追求是：哪里有荒漠，就向哪里挺进；哪里有废墟，就在哪里扎根。他们的文章在政治上不受器重，但也不受批判；在法学界很受冷遇，被认为无足轻重。中国权威的法学刊物从来不发表他们的文章。

性格色彩学中将人的性格类型分成四种颜色，红色性格的人，为人主动，充满热情，是富于感召力的乐观主义者。黄色，目标明确，接受挑战，行动果断，是个天生的领导者。蓝色，注重细节，做事谨慎，追求完美，是个天生的思想者。绿色，性格温和，善于倾听，是个天生的和平者。那么色彩纷呈的法学流派必将影响到法官的"颜色"，每个人都有其本色，颜色本无优劣之分，均有其正反两面，只是先天赋予的颜色或单一或浓烈，在后天的过程中，因身份的转变、职业的需要而不得不添加或调和自身的色彩，作为法官，尤其是如此。

法官应该是红色的，只有具有了红色的热情、主动、积极和乐观，才能让法院变得充满生机，才能让当事人感受到温暖和信心。法官应该是黄色的，执行工作需要斗智斗勇，不畏辛苦，大胆果断，方能让当事人感受到司法的权威，方能真正彰显司法的公正。法官应该是绿色的。基层法庭，案件细小而琐碎，多的是家长里短，邻里纠纷，有的案子事实清楚，法律关系简单，但如果简单下判，只会激化矛盾。这个时候需要法官善于倾听和调解，需要法官温和的言语和理解，更需要法官调停周旋，化解纠纷，才能真正做到案结事了。

然而，不论法官是什么颜色的，每个人都有性格上的长处和短处，性格的色彩或单一或多重或平淡或浓烈，当选择法官这一职业时，履行这一职责时，就必须要学会审视自我，弥补不足；就必须要学会糅合各种性格色彩，让一切变得和谐而美丽。

我的未来不是梦

■ 从雕像谈法官的公平正义

　　大约距今 5 500 年前,古巴比伦诞生了人类历史上的第一部成文法典《汉谟拉比法典》。实际上,在科技文化的成就方面,巴比伦的建筑艺术、天文历法、数学、文字的成就也同样辉煌,但却不为人知,唯独《汉谟拉比法典》能脍炙人口,为什么呢? 因为《汉谟拉比法典》是一根石柱精雕而成的,它是一部 282 条楔形文字的法律,而同样引人注目的是石柱顶端的两个人的浮雕像,生动显现了汉谟拉比王从端坐的神手上接过法律的场景。《法典》的开头就是汉谟拉比庄严的声明:"我在这块土地上创立法和公正,在这时光里我使人们幸福"。由此,拉开了法律使这个世界懂得了公平与正义的帷幕。

　　从西方古文明国家发展至今,不论富裕、贫穷的国度或多或少的都在城市或乡村树立了一座座代表着各种意义的不同质地的雕像,这些雕像蕴含着政治、文化、艺术、法律等诸多的内容迥异、风格不一的精神。单从法律的层面揭开雕像的面纱,跃然纸上的是一部艰辛、满含血泪的法律史——

　　在古希腊的雅典卫城,战神和智慧之神兼大美人雅典娜的雕像又呈现在那座巍峨壮丽的巴特农神殿中。她成功地主持审判了一场希腊联军统帅阿伽门农之子俄瑞斯泰斯弑母案。据说当年,阿瑞斯山上,巴特农神庙的内外响彻了欢呼,经过短暂的抗议,最后连复仇女神也心悦诚服地接受了雅典娜的判决。一次公正的判决让那座典雅隽秀的雅典娜神像造就了巴特农神庙的风影成了一座世界法律史上的丰碑。随着文明的推广和发展,古希腊的著名思想家苏格拉底为了雅典的民主自由、公平正义而在狱中含冤饮下毒酒,人们为他树起了一座令人仰望而不可即的雕像。而在如今罗马市中心广场的旁边,在那座雄伟的罗马司法宫的大厅里,有着一幅像秦始皇兵马俑般的绝世奇观:一尊尊用大理石雕成的法学家群像,庄严肃穆的矗立在大厅的两侧,西塞罗、怕比尼安、乌尔比安、盖尤斯、保罗……凡属罗马法律史上著名的人物,几乎都矗立在那里。试想,在世界各国,到

底有哪一个国家曾经像罗马人这样尊敬过法学家、这样大规模地为法学家们立像？又到底有哪一部法典曾经像罗马人的《查士丁尼法典》那样，对后世的文明产生过如此深刻的影响？我们看到的不仅仅是他们那一张张严峻、深邃的脸庞和眼神，更要看到的是他们为法治理想而献身的精神。

随着法律与雕像融合之旅的进程，现代立于法院门前或屋檐上的雕像，就代表了公平、正义。在罗马，城中的一座著名雕像，她静静地站立在罗马法院的广场上。仰视她那两千年不变的庄严面容，只见她神情肃穆，一手执剑，一手持天平，双眼被布紧紧蒙着。雕像背后，刻有一句简洁的古罗马法律格言："为了正义，哪怕它天崩地裂。"这就是整个西方世界里家喻户晓的法律化身——正义女神雕像。雕像无声，却令人肃然起敬，文明矗立于天地之间，揭示着罗马人、欧洲人乃至整个西方世界一种悠久的法律观念——法律是什么？法律就是"公平正义"。

关于正义女神的传说，其实最早是来自于古希腊的神话。古希腊正义女神的名字叫泰米斯，是天与地的女儿，她名字的原意为"大地"，引申义则为"生命"和"稳定"。所以，在奥林匹亚山上的众神雕像中，正义女神的造型是被塑造成一位表情严肃的中年母亲，手中常持一架天平，象征平民百姓对"生命"和"生活"的希望，以及对法律"成熟稳重"、"公平正义"的期求。

从神话中可以看出，古希腊人对"司法机关"四个字的定义，从一开始便定位为"主持公平正义"的意思。但主持"公平正义"的事务也实在是太过繁重，靠正义女神一个神也忙不过来，于是这位正义女神便与万神之神宙斯结合，生下了一个女儿——狄克，来协助她共掌了法律、秩序和正义。但据说，狄克小姑娘的行事作风与母亲大有不同，她不分白昼黑夜，经常手持利剑四海奔波，追杀罪犯，因此，在奥林匹亚的神庙中，她的雕像造型是一位怒目圆睁、手执宝剑的美少女，代表着法律这把正义之剑的另一面——"打击罪犯"的坚定形象。

古罗马兴起的雕像，不仅全盘继承了希腊人的自然法学精神，而且也同样继承了对正义女神的热爱。但是，在罗马人这里却把正义女神的名字改为朱斯提提亚，由"法律"一词而来，其雕像的造型亦已将泰米斯与狄克母女二人的形象合二为一：她一手执利剑，一手持天平，但双眼却开始用布蒙上。罗

马人赋予正义女神的新内涵是：天平代表"公平"，宝剑代表"正义"，前额垂直的秀发代表"诚实"即"真相"，而蒙眼闭目则表示审判要"用心灵来观察"。

初看到这座女神雕像时，许多中国人会大惑不解：这正义女神的双目为什么要用布紧紧蒙上？这样子岂不是会受到蒙蔽、看不清事实真相了吗？其实这很可能是我们自己的茫然无知，因为在中国历代的法典中都一贯有许多明文规定，规定法官审案要"察言观色"。而中国古代司法的象征，那只至今仍屹立在全国各地许多法院、法学院甚至立法机构门前的独角神兽，其雕像造型就一贯是把眼睛瞪得大大的，一副威风凛凛的样子。在封建时代，许多县衙里的公堂之上，大多会悬挂着一块匾，上面写着"明镜高悬"或"明察秋毫"四个大字。千百年来，老百姓耳濡目染、习以为常了。这说明东西方的司法观念、法律文化和法律制度之间有着极大的不同，甚至是巨大的反差。

这两种截然不同的司法观念，到底孰是孰非、孰优孰劣？按照资深学者的深刻剖析，中国古代的司法人员，与其说是法官倒不如说是检察官更合适。因为法官的职责是衡量证据、确认事实，做出公平正义的裁决，他的职能是"裁判"，而检察官的职能则是"发现犯罪"、"查找罪证"，所以他的职能决定了他要"瞪大双眼"，而"裁判官"则要"闭上双眼"，不受任何先入为主的偏见左右，才能做到不偏不倚、公平正义。"正义"在许多时候是要用心灵去衡量的，所以西方的正义女神便用布蒙上了双眼。

古代如此，现代也经常是如此，而在西方的法律制度里，2000年前就已经明确地分好了工，警、检就是警、检，法官就是法官；警、检负责发现犯罪、查找罪证，而法官则专门负责"裁决"，警、检只是"执法"，只有法官才是在"司法"，楚河汉界，清晰分明。中国古代的法官包括包青天、海青天在内，其本质首先是一位行政官员，司法只是一种兼职，即使在司法的时候，一上公堂开庭审判，就先把惊堂木一拍，然后再大声喝一声："从实招来！"与气定神闲、蒙眼闭目、可以"有话好好说"的正义女神相比，这种司法传统的巨大反差，真值得中国人深思。

问世间法为何物？注视着这蒙眼闭目、执剑持天平的正义女神雕像，人们终会懂得：法，就是公平正义。

■ 走进法官们的世界

　　法律,这个神圣的职业,因为高举着权杖,从开始创立以来,一直是人们的关注焦点。如果说律师、法官、检控官,都是这个神圣职业中闪闪发光的夜明珠的话,那法官一定是最闪亮的那一颗,法官才是法律界的权威。

　　再长的路,一步步也能走完,再短的路,不迈开双脚也无法到达。有志者自有千计万计,无志者只感千难万难。走进一位位法官,让我们知道他们之所以能成功是因为他们志在成功。希望通过读这本书,让朋友能了解法官发展的历史沿革,能从某位法官身上,找到自己励志的方向。

　　这本职场励志系列丛书之一的法官读本,里面写到了古今中外 32 名著名法官的成长故事。在这 32 名大法官中,有中国古代法官的代表人物孔子、包拯、海瑞、狄仁杰、皋陶;有新中国 9 位首席大法官中的沈钧儒、董必武、谢觉哉、肖扬,有联合国国际法院的首位中国大法官徐谟,有国民政府第一法学家王宠惠,有从西子湖畔走出的国际大法官刘大群,有第一位当选国际海洋法法庭法官的中国人赵理海,有伫立国际法学圣殿的中国大法官李浩培,有第一位出任国际大法官的中国人倪征燠,有海牙法庭首位中国籍院长史久镛,有国际法院首位中国籍女法官薛捍勤,有远东国际军事法庭检察官向哲浚,有新中国第一代大法官张志让,有著名宪法学家肖蔚云,有新中国最早的女法官费路路,有贫民妈妈培养出的美国著名大法官索托马约尔,有美国现代社会变革中的伟大法官本杰明·卡多佐,有美国第一个女大法官桑德拉·黛·奥康纳,有美国最高法院首席大法官约翰·马歇尔,有宪政改革者厄尔·沃伦大法官,有当代用爱创造奇迹的法官詹红荔,有人民满意的好法官罗东川。他们是古今中外杰出法官的代表,他们用实际工作证明了"法学乃正义之学",公平正义比太阳还要有光辉。

我的未来不是梦

191

· 智慧心语 ·

一切法律都是无用的，因为好人用不着它们，而坏人又不会因为它们而变得规矩起来。

——德谟耶克斯

法律是社会的习惯和思想的结晶。

——托·伍·威尔逊

像房子一样，法律和法律都是相互依存的。

——伯克

法律就是法律，它是一座雄伟的大厦，庇护着我们大家；它的每一块砖石都垒在另一块砖石上。

——高尔斯华绥

法律有权打破平静。

——马·格林